HISTORIA DE LOS GRADUADOS SOCIALES EN NAVARRA

ROLDÁN JIMENO ARANGUREN
DAVID DELGADO RAMOS
JOSÉ LUIS GOÑI SEIN
BEATRIZ RODRÍGUEZ SANZ DE GALDEANO

Universidad Pública de Navarra
Nafarroako Unibertsitate Publikoa

Ilustre Colegio Oficial de Graduados Sociales,
Relaciones Laborales y Recursos Humanos de **Navarra**
Nafarroako Lan Harremanen eta Giza Baliabideen
Gizarte Graduatuen Elkargo Ofiziala

CONSTRUYENDO
EL FUTURO DE LAS
RELACIONES LABORALES

Título: *Historia de los graduados sociales en Navarra*
Autores: Roldán Jimeno Aranguren, David Delgado Ramos, José Luis Goñi Sein,
            Beatriz Rodríguez Sanz de Galdeano

©   Roldán Jimeno Aranguren, David Delgado Ramos, José Luis Goñi Sein,
            Beatriz Rodríguez Sanz de Galdeano
©   Universidad Pública de Navarra / Nafarroako Unibertsitate Publikoa
            Colegio Oficial de Graduados Sociales de Navarra

Edición: Universidad Pública de Navarra / Nafarroako Unibertsitate Publikoa
            Colegio Oficial de Graduados Sociales de Navarra
1.ª edición: Enero 2026

Maquetación: Pretexto
Impresión: Rodona Industria Gráfica

ISBN: 978-84-9769-423-0
DL: NA 108-2026

Universidad Pública de Navarra / Nafarroako Unibertsitate Publikoa
Sección de Comunicación (área de Publicaciones)
Campus de Arrosadia
31006 Pamplona-Iruña
publicaciones@unavarra.es

ÍNDICE

LOS ORÍGENES DE LA COLEGIACIÓN
(A modo de presentación con motivo del Centenario)

La conmemoración del centenario de la profesión de Graduado Social en 2025 constituye una ocasión propicia para reflexionar sobre los orígenes de una figura profesional que ha contribuido de manera decisiva a la consolidación del Derecho del Trabajo y de la política social. La historia de esta profesión hunde sus raíces en el año 1925, cuando el Ministerio de Trabajo impulsó la creación de las primeras escuelas sociales, instituciones concebidas como instrumentos de formación y difusión de la cultura social, que en las décadas siguientes irían definiendo el perfil técnico y humano del futuro Graduado Social.

El impulso fundador de aquellas escuelas se debe a Eduardo Aunós Pérez, ministro de Trabajo durante la dictadura de Primo de Rivera, quien buscó dotar al Estado de un cauce institucional para promover la educación social y laboral. El Real Decreto-Ley de 17 de agosto de 1925, publicado en la *Gaceta de Madrid* tres días después, transformó la antigua «Sección de Cultura y Acción Social» del Ministerio de Trabajo, Comercio e Industria en una «Escuela Social». Con ello, se pretendía difundir entre las clases populares los conocimientos fundamentales sobre economía y cuestiones sociales, al tiempo que se invitaba a los sectores intelectuales a interesarse por los problemas de las clases trabajadoras. Se trataba, en definitiva, de extender una nueva cultura social que combinara la preocupación por la justicia laboral con la formación técnica necesaria para gestionarla.

La dirección de aquella primera Escuela Social fue sencilla, pero quedó en manos del jefe de la Sección de Cultura Social, bajo la supervisión del Consejo de Cultura Social del Ministerio. Aunque en sus inicios no podía hablarse aún de un sistema docente plenamente estructurado, la enseñanza ofrecida se orientaba a la preparación de funcionarios del propio Ministerio de Trabajo, para quienes el certificado obtenido al término de los estudios suponía un mérito preferente en su promoción profesional. El plan de estudios, dividido en tres cursos, incluía materias de política social, economía y legislación, con

Trabajo
fabril.

una orientación eminentemente práctica. Desde el estricto control político impuesto por el régimen primorriverista, se prohibía toda forma de propaganda política o doctrinal.

La creación de las escuelas sociales respondió en los años sucesivos a una lógica más amplia de institucionalización del reformismo social que, por aquel entonces, trataba de conciliar la protección de la clase obrera con la estabilidad del orden económico. Las escuelas se concibieron como un instrumento de ejecución de la política social del Estado, al servicio de la difusión normativa y del fortalecimiento del consenso en torno a las nuevas leyes laborales. El ministro Aunós, convencido de que la educación era el medio más eficaz para la transformación social, consideraba estos centros como auténticos «yacimientos de las relaciones humanas y sociales», donde debía formarse una nueva generación de técnicos y funcionarios comprometidos con la justicia social y con el trabajo bien hecho.

El desarrollo institucional de las escuelas fue rápido. En 1926, una Orden ministerial estableció de forma más definida los títulos que podían obtenerse, creando las figuras de Graduado de la Escuela Social y Graduado Superior de la Escuela Social, según el número de años cursados. Tres años después, el Real Decreto-Ley de 7 de septiembre de 1929 y otras disposiciones posteriores –como el Decreto de 19 de octubre de 1930 y la Orden de 31 de octubre de 1931– fueron ajustando los planes de estudio, en un proceso continuo de reforma y consolidación. Este impulso coincidió con la expansión geográfica de las Escuelas: en 1929 se autorizaron nuevas instituciones en Cataluña y Valencia, y poco a poco fueron surgiendo otras iniciativas en distintos puntos del Estado, lo que demuestra el interés que despertaba esta nueva enseñanza social.

Fuero del Trabajo, 1938.

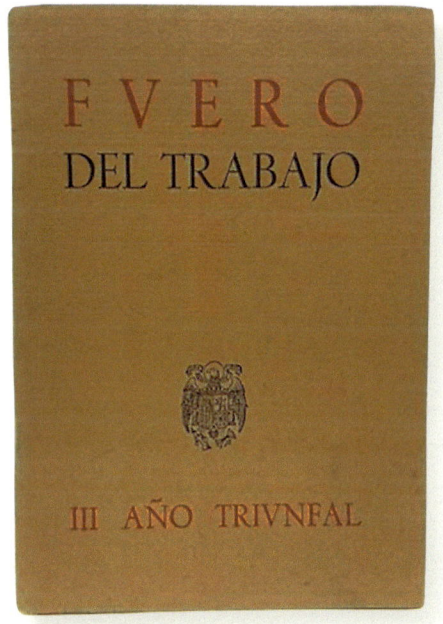

Durante la Segunda República se planteó la posibilidad de integrar las escuelas sociales en el sistema educativo general, bajo la dependencia del Ministerio de Instrucción Pública y Bellas Artes. Un Decreto de 21 de julio de 1933 llegó a establecer esta transferencia, pero otro Decreto de 12 de octubre del mismo año la dejó sin efecto, devolviendo las escuelas a la órbita del Ministerio de Trabajo. Este vaivén administrativo es revelador, por otra parte, de la indefinición que acompañó durante años a las escuelas sociales, situadas entre la formación profesional y la enseñanza superior, sin llegar a encajar plenamente en ninguno de los dos ámbitos.

La Guerra Civil supuso una ruptura en la trayectoria de estas instituciones, cuya actividad quedó suspendida durante el conflicto. Sin embargo, una vez finalizada la contienda, la dictadura franquista las reactivó, adaptándolas a su ideología nacional-católica y a sus estructuras corporativas. La Orden de 29 de diciembre de 1941 aprobó un nuevo Reglamento y un plan de estudios revisado, con el que las escuelas de Barcelona, Valencia, Zaragoza, Granada y Sevilla reanudaron su actividad bajo la tutela del Ministerio de Trabajo. La enseñanza jurídica adquirió entonces un fuerte componente doctrinal, subordinando sus contenidos a los principios del Estado autoritario, que concebía las relaciones laborales desde una perspectiva de armonía social tutelada por la autoridad.

Telefonistas trabajando.

MINISTERIO DE TRABAJO

—

ESCUELA SOCIAL DE ZARAGOZA

—

CONVOCATORIA DE ___JUNIO___   CURSO DE 19.59. - 19..60.

D. ___RAFAEL ANGEL ZAMORA MARTINEZ___ número ___18___

de matrícula en la asignatura de

Economía y Estadística

puede presentarse a examen con este documento ante el tribunal correspondiente.

Zaragoza .... de 2 1 JUN 1960 de 196.......

El Secretario,

En los exámemes O R D I N A R I O S ha obtenido la calificación de

Notable

Zaragoza 9 de Junio de 1960

El Profesor.

LA ESCUELA SOCIAL DE ZARAGOZA (1945) Y EL COLEGIO OFICIAL DE GRADUADOS SOCIALES DEL EBRO (1956)

En la historia de los graduados sociales de Navarra tuvo una especial significación la Escuela Social de Zaragoza. Su creación formal tuvo lugar mediante la Orden de 11 de octubre de 1945, al amparo del ya mencionado Real Decreto Ley de 17 de agosto de 1925, que había establecido las escuelas sociales a nivel nacional. Estas escuelas tenían el propósito de formar técnicos en materias sociales y laborales, aunque inicialmente estaban más orientadas a la formación de funcionarios públicos.

El proceso de consolidación de la profesión de Graduado Social había alcanzado un punto decisivo en los años cincuenta, cuando el notable incremento del número de titulados y la progresiva especialización de su labor hicieron necesaria la creación de estructuras corporativas que dieran cohesión y reconocimiento institucional a la profesión. La complejidad creciente de la normativa laboral y social, unida al papel cada vez más relevante de estos técnicos en la asesoría de empresas y trabajadores, llevó a las autoridades a establecer un marco de organización colegial que asegurara la calidad, la responsabilidad y la unidad de actuación del colectivo. El Decreto de 22 de diciembre de 1950 dispuso la creación obligatoria de un Colegio Oficial de Graduados Sociales en cada capital de provincia que contara con una Escuela Social. La medida respondía al propósito de dotar a la profesión de una estructura institucional estable y de un órgano representativo capaz de velar por sus intereses y por la correcta práctica profesional. La norma fue posteriormente confirmada por la Sentencia del Tribunal Supremo de 14 de diciembre de 1955, que declaró la plena validez y vigencia del decreto fundacional, reforzando así la legitimidad jurídica de los colegios oficiales como corporaciones de derecho público.

Papeleta de la Escuela Social de Zaragoza. Asignatura Economía y Estadística. Curso 1959-1960.

23 octubre 1945

O. del E.—Núm. 296

MINISTERIO DE TRABAJO

ORDEN de 11 de octubre de 1945 por la que se restablece la Escuela Social de Zaragoza.

Ilmo. Sr.: Vista la petición formulada por las Autoridades académicas y civiles de Zaragoza y de conformidad con el informe emitido por la Sección de Estudios,

Este Ministerio ha tenido a bien disponer que se restablezca la Escuela Social de Zaragoza, la que quedará sometida al mismo régimen y Reglamentos que las demás de su clase.

Lo que digo a V. I. para su conocimiento y efectos.

Dios guarde a V. I. muchos años.

Madrid, 11 de octubre de 1945.

GIRON DE VELASCO

Ilmo. Sr. Subsecretario de este Ministerio.

ORDEN de 17 de octubre de 1945 por la que se aclaran las normas complementarias de la Reglamentación Nacional del Trabajo en la industria del manipulado de papel de fumar, de 28 de julio último.

Ilmo. Sr.: Habiendo surgido algunas dudas de interpretación de las Normas complementarias de la Reglamentación nacional de Artes Gráficas para la Reglamentación nacional del trabajo en la industria del manipulado de papel de fumar, aprobadas por Orden de 28 de julio último.

Vista la propuesta elevada por esa Dirección General de Trabajo con fecha de hoy.

Este Ministerio, en uso de las facultades que le confiere la Ley de 16 de octubre de 1942, ha dispuesto:

Primero. El personal que en las fábricas de manipulado de papel de fumar desempeñe oficios propios y específicos de Artes Gráficas, serán clasificados y remunerados, como preceptúa el apartado IV de las citadas Normas, a tenor de lo que la reglamentación de Artes Gráficas asigna para los mismos en la zona 1.ª

Dentro de este mismo criterio, los Oficiales terceros mecánicos de máquinas de manipulado de papel de fumar,

Orden de 11 de octubre de 1945 del Ministerio de Trabajo por la que se restablece la Escuela Social de Zaragoza.

Papeleta de la Escuela Social de Zaragoza. Asignatura Derecho del Trabajo. Curso 1959-1960.

En este nuevo contexto, los graduados sociales comenzaron a afirmarse como técnicos especializados en materias sociales y laborales, encargados de la gestión y el asesoramiento en el complejo entramado de las relaciones de trabajo. Su función adquirió una dimensión social de gran trascendencia, pues se situaban en la intersección entre la Administración, las empresas y los trabajadores, desempeñando un papel mediador y garante del cumplimiento de la legislación laboral.

La expansión del modelo colegial fue inmediata. Amparado en la normativa de 1950 y en la existencia de escuelas sociales activas en distintos territorios, el proceso de constitución de los colegios provinciales se desarrolló de manera ordenada durante los años siguientes. En este marco, la presencia de una Escuela Social en la capital aragonesa permitió la creación del Colegio Oficial de Graduados Sociales del Ebro, formalizado mediante la Orden de 30 de octubre de 1956. Con sede en Zaragoza, esta corporación profesional asumió una amplia demarcación territorial que abarcaba las provincias de Huesca, Logroño, Soria, Teruel, Zaragoza y también Navarra, integrando en su estructura a los graduados sociales navarros durante los primeros años de vida colegial. Esta organización reflejaba la lógica centralizadora de la dictadura franquista, pero también el deseo de cohesionar a un colectivo en expansión, todavía en proceso de afirmación profesional. A través de los colegios, los graduados sociales pudieron contar con un espacio común de representación y con instrumentos para la defensa de su función técnica, la mejora de la formación y la garantía de la ética profesional.

La influencia de la Escuela Social de Zaragoza en Navarra fue determinante. Como veremos más adelante, la génesis de la formación de Graduados Sociales en Navarra se remontó al curso académico 1959-1960 con el establecimiento del Seminario de Estudios Sociales de Pamplona. Este Seminario, ubicado inicialmente en la Escuela Sindical de Navarra, tenía como propósito fundamental complementar la formación de los sindicalistas. Cuando el Seminario se oficializó en 1980, en el contexto del Real Decreto 921/1980, fue catalogado como un centro no estatal adscrito a la Escuela de Graduados Sociales de Zaragoza. Esta adscripción significaba que la Escuela de Zaragoza ejercía un control académico directo sobre la enseñanza en Pamplona, que perduró hasta la extinción del Seminario en 1993.

Celebración del 1 de mayo por los españoles exiliados en Toulouse, 1945.

LOS ORÍGENES DE LA FORMACIÓN EN PAMPLONA (1959)

Tal y como hemos señalado, el origen de la enseñanza del Graduado Social en Navarra se vincula estrechamente con la necesidad de dotar de cuadros formados a la estructura laboral del régimen franquista. Esta iniciativa se concretó mediante la creación de una Sección de Estudios Sociales dentro de la Academia Sindical, integrada en la Escuela Sindical de Navarra, la cual dependía, a su vez, de la Delegación Nacional de Sindicatos de la Falange Española y de las JONS.

El proyecto cristalizó en el Seminario de Estudios Sociales de Pamplona, que inició sus actividades en el curso académico 1959-1960. Su historia ha sido objeto de un estudio detallado por parte de Carlos Vilches y José Manuel Andradas. En un primer momento, el Seminario se ubicó en los locales de la antigua Casa Sindical, en la avenida de Zaragoza n.º 12 de Pamplona, edificio que hoy alberga las sedes de UGT y CCOO. No obstante, ante las crecientes necesidades de espacio, en enero de 1964 la Escuela Sindical se trasladó al edificio conocido como Grupo Ruiz de Alda, en la calle Iturralde y Suit s/n, actual sede del sindicato ELA.

El objetivo fundacional del Seminario consistía en otorgar el Diploma de Graduado Social y complementar la formación de los cuadros sindicales, especialmente dirigentes y mandos intermedios. Durante esta primera etapa, las enseñanzas poseían un carácter no reglado, impartiéndose bajo la supervisión del Ministerio de Trabajo.

El Seminario se encontraba adscrito a la Escuela de Graduados Sociales de Zaragoza, lo que implicaba que los alumnos debían presentarse ante los tribunales de dicha institución para realizar los exámenes finales y obtener el diploma correspondiente. Sin embargo, gracias a las gestiones de la Escuela Sindical, era frecuente que la Escuela Social de Zaragoza desplazara tribunales a Pamplona para facilitar las pruebas. Además, quienes aspiraban a la diplomatura final debían superar una reválida o presentar y defender una tesina en Zaragoza. El plan de estudios y los contenidos docentes seguían los lineamientos establecidos por la Universidad de Zaragoza.

La Casa Sindical. Primera sede del Seminario de Estudios Sociales de Pamplona (1959-1963).

Informe sobre la creación de una Sección de Estudios Sociales en Pamplona, 1959.

La organización académica del Seminario estaba orientada a un alumnado que compaginaba sus estudios con su trabajo, de ahí que las clases se impartieran en un horario vespertino que facilitaba la compatibilidad con la jornada laboral. Las clases se concentraban de siete y media a nueve de la noche, en dos sesiones diarias de cuarenta minutos cada una, separadas por un breve descanso. Esta estructura reducida respondía, asimismo, al propósito de favorecer la atención de estudiantes con escaso hábito de estudio, priorizando explicaciones concisas sobre desarrollos prolongados.

En sus primeros años, la matrícula era gratuita para los alumnos sindicados, aunque se propuso fijar una cuota simbólica de inscripción con el fin de promover el compromiso y evitar la asistencia rutinaria. Dicha aportación económica se compensaba posteriormente a los alumnos que acreditaban aprovechamiento académico, sufragándoseles los gastos de matrícula y desplazamiento a Zaragoza con motivo de los exámenes.

La actividad formativa contó desde el inicio con una participación significativa. En los primeros cursos la matrícula llegó a alcanzar los 750 inscritos, aunque en el curso 1967-1968 la cifra se estabilizó en 67 alumnos, distribuidos en tres niveles: 23 en primero, 21 en segundo y 23 en tercero. Predominaban los hombres (46 frente a 21 mujeres) y, en términos profesionales, la mayoría de los estudiantes se desempeñaban como administrativos. El profesorado de aquel curso estaba integrado por profesionales de alta cualificación: un doctor en Derecho, un ingeniero, un licenciado en Filosofía y Letras, siete licenciados en Derecho y un licenciado en Medicina. Por esas fechas, había concluido ya la séptima promoción del centro.

Seminario de Estudios Sociales de Pamplona.
Estudiantes del curso 1968-1969.

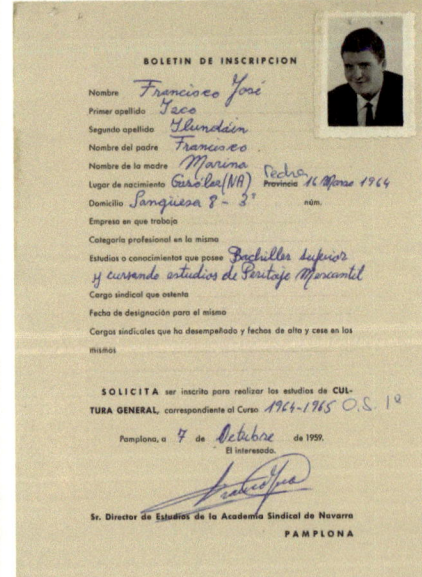

BOLETIN DE INSCRIPCION

Nombre *Teresita*

Primer apellido *Cía*

Segundo apellido *Goñi*

Nombre del padre *Felix*

Nombre de la madre *Carmen* Fecha *22-3-42*

Lugar de nacimiento *Pamplona* Provincia *Navarra*

Domicilio *Zapatería* núm. *42-1° izd.*

Empresa en que trabaja *Transportes Ochoa - Tafalla 31*

Categoría profesional en la misma *Auxiliar Administrat.*

Estudios o conocimientos que posee *Primarios*

Cargo sindical que ostenta

Fecha de designación para el mismo

Cargos sindicales que ha desempeñado y fechas de alta y cese en los mismos

SOLICITA ser inscrito para realizar los estudios de **JURADO DE EMPRESA - ENLACE SINDICAL**, (táchese lo que no interesa), correspondiente al Curso *1° Graduado Social*

Pamplona, a *13* de *Octubre* de 19~~65~~

El interesado.

Teresita Cía

Sr. Director de Estudios de la Academia Sindical de Navarra

PAMPLONA

Ficha de estudiante de la Academia Sindical de Navarra. Teresita Cía Goñi.

Ficha de estudiante de la Academia Sindical de Navarra. José Javier Chorraut Burguete, 1966. Futuro alcalde de Pamplona.

Ficha de estudiante de la Academia Sindical de Navarra. Francisco José Izco Ilundáin, 1964. Futuro presidente del C.A. Osasuna.

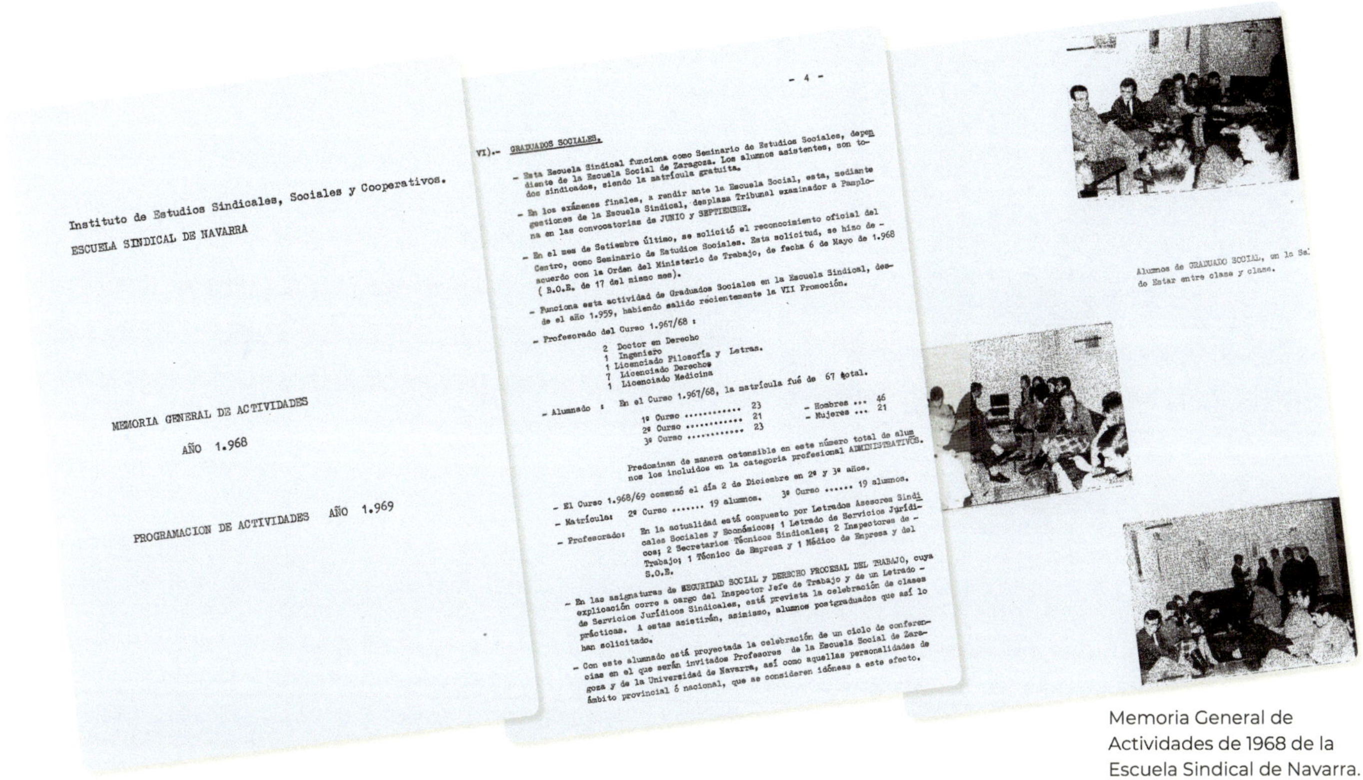

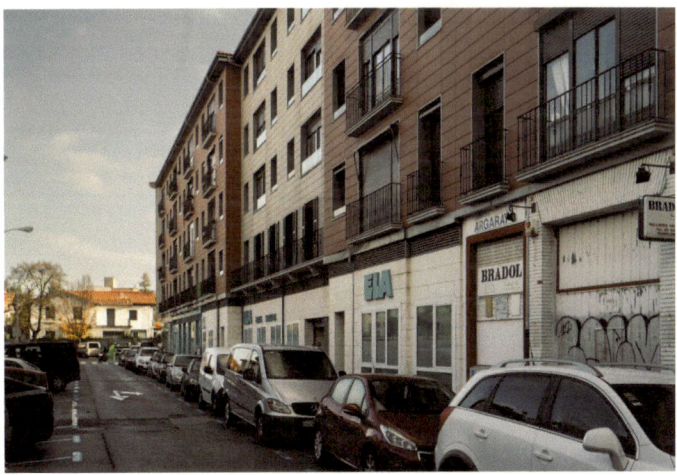

Instituto de Estudios Sindicales, Sociales y Cooperativos.

ESCUELA SINDICAL DE NAVARRA

MEMORIA GENERAL DE ACTIVIDADES

AÑO 1.968

PROGRAMACION DE ACTIVIDADES AÑO 1.969

- 4 -

VI).- GRADUADOS SOCIALES.

- Esta Escuela Sindical funciona como Seminario de Estudios Sociales, dependiente de la Escuela Social de Zaragoza. Los alumnos asistentes, son todos sindicados, siendo la matrícula gratuita.

- En los exámenes finales, a rendir ante la Escuela Social, esta, mediante gestiones de la Escuela Sindical, desplaza Tribunal examinador a Pamplona en las convocatorias de JUNIO y SEPTIEMBRE.

- En el mes de Setiembre último, se solicitó el reconocimiento oficial del Centro, como Seminario de Estudios Sociales. Esta solicitud, se hizo de acuerdo con la Orden del Ministerio de Trabajo, de fecha 6 de Mayo de 1.968 (B.O.E. de 17 del mismo mes).

- Funciona esta actividad de Graduados Sociales en la Escuela Sindical, desde el año 1.959, habiendo salido recientemente la VII Promoción.

- Profesorado del Curso 1.967/68 :

2 Doctor en Derecho
1 Ingeniero
1 Licenciado Filosofía y Letras.
7 Licenciado Derechos
1 Licenciado Medicina

- Alumnado : En el Curso 1.967/68, la matrícula fué de 67 total.

1º Curso .... 23 - Hombres ... 46
2º Curso .... 21 - Mujeres ... 21
3º Curso 23

Predominan de manera ostensible en este número total de alumnos los incluidos en la categoria profesional ADMINISTRATIVOS.

- El Curso 1.968/69 comenzó el día 2 de Diciembre en 2º y 3º años.

- Matrícula: 2º Curso .... 19 alumnos. 3º Curso ...... 19 alumnos.

- Profesorado: En la actualidad está compuesto por Letrados Asesores Sindicales Sociales y Económicos; 1 Letrado de Servicios Jurídicos; 2 Secretarios Técnicos Sindicales; 2 Inspectores de Trabajo; 1 Técnico de Empresa y 1 Médico de Empresa y del S.O.E.

- En las asignaturas de SEGURIDAD SOCIAL y DERECHO PROCESAL DEL TRABAJO, cuya explicación corre a cargo del Inspector Jefe de Trabajo y de un Letrado de Servicios Jurídicos Sindicales, está prevista la celebración de clases prácticas. A estas asistirán, asimismo, alumnos postgraduados que así lo han solicitado.

- Con este alumnado está proyectada la celebración de un ciclo de conferencias en el que serán invitados Profesores de la Escuela Social de Zaragoza y de la Universidad de Navarra, así como aquellas personalidades de ámbito provincial ó nacional, que se consideren idóneas a este efecto.

Alumnos de GRADUADO SOCIAL, en la Sa
de Estar entre clase y clase.

Memoria General de Actividades de 1968 de la Escuela Sindical de Navarra.

En septiembre de 1968, se tramitó la solicitud de reconocimiento oficial del centro como Seminario de Estudios Sociales, de conformidad con la Orden del Ministerio de Trabajo de 6 de mayo de aquel año, consolidando así su estatus académico y administrativo.

El final de esta etapa inicial sin rango universitario formal fue anticipado por la Ley General de Educación y Financiamiento de la Reforma Educativa de 1970. Esta ley impulsó la transformación de las escuelas profesionales existentes en Escuelas Universitarias, un proceso que comenzó en 1971.

Segunda sede del Seminario de Estudios Sociales de Pamplona, en la calle Iturralde y Suit, a partir de 1964.

Aunque el Seminario continuó operando bajo el sistema de adscripción a Zaragoza y enseñanzas no regladas, esta normativa preparó el terreno para su futura oficialización, que llegaría en 1980, reconociendo el Diploma de Graduado Social y homologando el régimen académico al de los estudios de primer ciclo de la enseñanza universitaria.

Javier D. Hernández de la Merced

"La profesión ha mejorado muchísimo. Hace 30 ó 40 años, e incluso menos, el Graduado Social era un perfecto desconocido"

Nacido en Pamplona el 28.11.1948
Socio fundador de Asesoría OFICO desde 1.969
Secretario Fundador Colegio Graduados Sociales de Navarra en 1.974
Presidente Colegio Graduados Sociales Navarra de 1978-1982
Directivo y asociado fundador de ASEODEN, miembro de la C.E.N.
Presidente fundador y actual Consejero de Red de Asesorías iusTime

El 19 de Diciembre hará 39 años como colegiado, ¿por qué decidió ser Graduado Social?

Muy sencillo, el ideal de cualquier estudiante es alcanzar a ejercer la profesión que estudia y sabemos no es nada fácil. En mi caso no fue así; estando en el segundo año de estudios, un profesor y Jefe de la Inspección de Trabajo, me dijo le habían pedido presentar un candidato para responsable del área laboral de una compañía de asesoramiento nacional con Delegación en Pamplona y que se había fijado en mí. No me lo pensé dos veces, dejé mi trabajo en una compañía de seguros cuyo director era mi padre; a él le costó algo asimilarlo, pero entré a trabajar en asuntos profesionales por cuenta ajena con 17 años, siendo estudiante. Esa es la realidad que consta en mi histórico laboral, aunque no me pude colegiar hasta cumplir la mayoría de edad, entonces de 21 años. Los estudios creo los terminé con 20 años. Nuestra generación diría que sólo hemos sabi-

do trabajar mucho, yo ahora cumplo 60 años y llevo 44 en la brecha. Siempre digo que está claro porqué ha prosperado este país; yo recuerdo que descansaba los domingos a la tarde y tan contento, pero no sólo yo, una gran parte del mundo emprendedor. En definitiva decidí ser Graduado Social porque gestioné mi tiempo libre en algo que me gustaba estudiar y encontré el trabajo apropiado.

¿Qué dificultades encontró en aquellos años para estudiar y posteriormente ejercer la profesión?

Ya lo he contestado antes de alguna forma; yo hice el bachiller y no me atrevía con una carrera clásica por lo que empecé a trabajar con mi padre y al tener horario contínuo hasta las 15 horas, me animé a estudiar Relaciones Laborales por las tardes en la entonces Escuela Sindical de Navarra, dependiente de la Escuela Social de Zaragoza, dónde nos examinaban. Estos estudios en la década de los sesenta

LA FUNDACIÓN DEL COLEGIO OFICIAL DE NAVARRA ([1966] 1973)

L os orígenes del Colegio Oficial de Graduados Sociales de Navarra se remontan a la iniciativa de un grupo de profesionales comprometidos con el reconocimiento y la dignificación de su actividad. El punto de partida formal se sitúa el 3 de abril de 1965, fecha en la que se constituyó la primera Junta Provincial, presidida por el entonces Delegado Provincial en Navarra del Colegio Oficial de Graduados Sociales del Ebro (con sede en Zaragoza). Sin embargo, la historia efectiva del futuro Colegio comenzó a vislumbrarse a partir del 29 de septiembre de 1966, cuando se formó una nueva Junta Provincial integrada por Antonio Ruiz Pérez (delegado provincial), José Oriol Piquer Iglesias (secretario) y Joaquín Ibiricu Senosiain (vocal tesorero).

Durante esta etapa inicial se lograron importantes avances, como la obtención de una sede oficial, cedida por la Mutualidad «La Conciliación» en la calle Zapatería, números 27 y 29, de Pamplona. Junto con el aseguramiento de un espacio propio, las prioridades de la Junta se centraron en la creación de una biblioteca, el establecimiento de relaciones institucionales con las autoridades laborales y sindicales, y la promoción del colegiado entre los recién titulados, fomentando su participación activa en la vida corporativa.

Posteriormente, la creación del Colegio Oficial de Graduados Sociales de Navarra se inscribe en un proceso más amplio de descentralización y madurez de la profesión en España, impulsado durante la década de 1970. Hasta entonces, los Graduados Sociales navarros dependían orgánicamente del Colegio Oficial de Graduados Sociales del Ebro, dentro de cuya amplia demarcación territorial se integraba Navarra. Esta dependencia, aunque facilitó la organización colegial en los primeros años, resultaba progresivamente insuficiente para atender las necesidades específicas de una provincia con identidad institucional foral y con un tejido socioeconómico propio en expansión.

El movimiento de descentralización colegial impulsado en toda España por la Orden de 12 de enero de 1973 supuso un punto de inflexión en la organización de las profesiones colegiadas. Su objetivo era claro: dotar a cada provincia de estructuras representa-

Entrevista sobre los primeros años del Colegio a Javier D. Hernández de la Merced. [Continuación entrevista p. 27)

Constitución del Colegio
Oficial de Graduados
Sociales. Pamplona, 1973.

Relación de algunos
de los participantes:

1. Julio García
2. Pedro Úcar
3. Armando Macazaga
4. Fernando Sanz
5. Juan José Armañanzas
6. Joaquín Induráin
7. Antonio Ruiz
8. Oriol Piquer
9. Tomás Delgado
10. José Luis Cornejo
11. Ángel Ubani
12. Joaquín Ibiricu
13. Jesús Suescun
14. Javier Hdez. de la Merced

tivas más próximas y autónomas, capaces de atender las necesidades específicas de su territorio y de fortalecer la proyección social de cada colectivo profesional. En ese marco, los Graduados Sociales de Navarra emprendieron un decidido proceso de movilización y gestión encaminado a lograr su independencia corporativa, convencidos de que la consolidación de la profesión en el ámbito foral requería un marco propio, autogobernado y plenamente adaptado a la realidad navarra.

Recepción de S. M. el Rey al presidente del Colegio, Javier D. Hernández de La Merced, junio de 1982.

El esfuerzo colectivo culminó con la fundación del Colegio Oficial de Graduados Sociales de Navarra, cuyo reconocimiento oficial se materializó en la Orden Ministerial de 15 de octubre de 1973, por la que se dispuso su creación efectiva y segregación del Colegio del Ebro. El proceso, lejos de plantear tensiones o rupturas, se desarrolló con un espíritu de colaboración y consenso, contando con el respaldo explícito tanto de la institución matriz de Zaragoza como del Consejo Superior de Colegios Oficiales de Graduados Sociales. Este apoyo general reflejaba el carácter ordenado y legítimo de una transición que daba respuesta a la madurez alcanzada por la profesión en Navarra.

La constitución del Colegio navarro marcó así la culminación de un largo proceso de afirmación profesional e institucional. Su creación no solo representó la obtención de una estructura propia y autónoma, sino también el reconocimiento de una comunidad profesional cohesionada y con plena capacidad de autogobierno, capaz de contribuir activamente al desarrollo de la justicia social y de las relaciones laborales en el ámbito foral. Al frente de esta nueva etapa se situó Antonio J. Ruiz Pérez, primer presidente del Colegio, quien dirigió la institución en los años decisivos del tardofranquismo y la Transición (1973-1978). Su liderazgo resultó fundamental para asentar las bases organizativas del Colegio y para afirmar públicamente la relevancia social de los Graduados Sociales en un contexto de profundos cambios políticos, laborales y normativos. Bajo su mandato se configuró la estructura interna de la corporación, se elaboraron los primeros reglamentos y se consolidó la presencia del Colegio en los principales foros profesionales y administrativos de Navarra.

A Ruiz Pérez le sucedió Javier David Hernández de la Merced (1978-1982), quien dio continuidad al proyecto fundacional y lo proyectó hacia una fase de fortalecimiento institucional y expansión social. Durante su presidencia, el Colegio amplió su implantación territorial, reforzó su presencia en los ámbitos de interlocución pública y consolidó su imagen como una corporación profesional sólida, respetada y comprometida con la mejora de las relaciones laborales. Ambos presidentes –Ruiz Pérez y Hernández de la Merced– desempeñaron un papel esencial en la afirmación del proyecto colegial navarro, contribuyendo a la configuración de una identidad profesional sólida y reconocida en todo el territorio foral.

El reconocimiento oficial del Colegio vino acompañado por la constitución de su primera Junta de Gobierno, presidida por Antonio J. Ruiz Pérez, junto con Joaquín A. Ibiricu Senosiain (vicepresidente), Javier David Hernández de la Merced (secretario) y José Oriol Piquer Iglesias (tesorero). Años más tarde, en agradecimiento a su dedicación y a su papel fundacional, Ruiz Pérez fue designado Colegiado de Honor y Presidente Honorífico, mientras que Jesús Suescun Bueno recibió la Medalla de Honor del Colegio, distinciones que simbolizaron el reconocimiento colectivo a quienes habían hecho posible la institucionalización de la profesión en Navarra.

Entre los logros más destacados de esta primera etapa cabe mencionar la inauguración de la nueva sede social en 1976, ubicada en la avenida de Barañáin, n.º 52, 8.º, que dotó al Colegio de un espacio propio, moderno y funcional, acorde con sus crecientes responsabilidades. Esta primera sede fue un espacio donde se celebraron las primeras reuniones, se tramitaron los expedientes iniciales y se forjaron los vínculos de una comunidad profesional comprometida con la promoción del rigor técnico y la justicia social. Desde aquel germen institucional se sentaron las bases de la organización que, con el paso de los años, ampliaría su ámbito de representación a los titulados en Relaciones Laborales y Recursos Humanos, manteniendo intactos los principios fundacionales de la profesión consistentes en la vocación de servicio público, compromiso social y excelencia técnica.

La vocación de consolidación del Colegio encontró respaldo en la promulgación del Reglamento de los Colegios Profesionales (R.O. 3549/1978, de 16 de diciembre), que otorgó un marco jurídico estable al conjunto de los Colegios de Graduados Sociales de España.

El reconocimiento de la labor colegial alcanzó su punto culminante el 30 de abril de 1982, cuando se concedió la Medalla Colectiva al Mérito en el Trabajo, en su categoría de Oro, a los Colegios Oficiales de Graduados Sociales y a su Consejo Superior (R.O. 827/1982). Esta distinción nacional simbolizó el prestigio y la madurez alcanzados por la profesión, así como la plena integración del Colegio de Navarra en el entramado institucional y social de la España democrática.

Durante el primer decenio de vida del Colegio, la institución se dedicó con especial empeño a consolidar la identidad profesional de sus miembros, fortalecer su reconocimiento público y dignificar el ejercicio de la profesión. Este esfuerzo se tradujo en la promoción de una formación continua y rigurosa, orientada a dotar a los colegiados de una preparación sólida que les permitiera afrontar con competencia las crecientes exigencias técnicas y éticas del ámbito laboral.

Esta actividad se desarrolló en un marco normativo en proceso de consolidación, que culminaría con la aprobación de los Estatutos Generales de los Colegios Oficiales de Graduados Sociales, mediante el Real Decreto 3549/1977, de 16 de diciembre. Esta disposición dotó al conjunto de los colegios de una estructura jurídica estable y homogénea, definiendo con claridad su naturaleza, sus competencias y el régimen profesional de sus miembros. De acuerdo con estos Estatutos, los Colegios de Graduados Sociales se configuraron como corporaciones de Derecho Público, dotadas de personalidad jurídica propia y plena capacidad para el cumplimiento de sus fines. Su adscripción administrativa al Ministerio de Trabajo reforzaba el vínculo entre la profesión y la política social del Estado. La colegiación, según establecía la norma, era obligatoria para todos aquellos profesionales que ejercieran dentro de la demarcación territorial correspondiente, lo que aseguraba la unidad de la profesión y la supervisión de su práctica.

El marco legal vigente en estos años definía de manera precisa las competencias y responsabilidades de los graduados sociales. A partir del artículo 1 de la Orden de 28 de agosto de 1970, los Estatutos de 1977 recogieron una serie de funciones esenciales que reflejaban la amplitud y el carácter técnico de su labor. Los graduados sociales estaban llamados, en primer lugar, a desempeñar tareas de estudio, asesoramiento, representación y gestión en todo tipo de asuntos sociales y laborales que les fueran encomendados por empresas, trabajadores, particulares, el Estado o la Seguridad Social. Esta función,

Entrevista sobre los primeros años del Colegio a Javier D. Hernández de la Merced (contin.).

de naturaleza técnica y mediadora, consolidaba su papel como intermediarios cualificados entre las distintas partes que conformaban el sistema de relaciones laborales.

A ello se sumaba la intervención profesional mediante dictámenes e informes, lo que confería a los Graduados Sociales una función consultiva reconocida en la práctica administrativa y judicial. Además, estaban habilitados para ejercer la representación ante los organismos sindicales de conciliación y ante las Magistraturas de Trabajo en los supuestos permitidos por la ley, reforzando así su presencia en los procesos de resolución de conflictos laborales. Finalmente, podían actuar como peritos en materia social y laboral ante los tribunales de justicia, aportando su conocimiento especializado en el ámbito de las relaciones laborales, la Seguridad Social y la normativa sociolaboral.

estaban orientados a trabajadores con inquietudes sociales, ya que dependíamos del Ministerio de Trabajo y no de Educación y Ciencia. Por tanto la única dificultad fue estudiar en los tiempos de descanso semanal y para ejercer por cuenta propia, la dificultad fue pedir créditos para los gastos de instalación, ya que todo lo demás como he dicho fue trabajar duro.

Echando la vista atrás, ¿qué diferencias encuentra en la profesión de entonces con la situación actual?

No se parece en nada el entorno y los medios, pero en el fondo sigue siendo lo mismo, continuamos asesorando y administrando personal. Por ejemplo el entorno del ámbito colegial, la diferencia es que ni teníamos Colegio en Navarra, dependíamos del Colegio del Ebro con sede en Zaragoza. Los colegas Antonio Ruiz y su socio José Oriol Piquer, Joaquín Ibiricu y yo como ejercientes libres acompañados de Jesús Suescun, José Antonio Galar, Gorosquieta, Elizalde etc. hasta quince, conseguimos crear el Colegio. Ibiricu nos proporcionó a precario una sede en la calle Blanca de Navarra que compartíamos con otra entidad de Previsión. Hablo del año 1.974, en ese primer mandato fundacional Antonio Ruiz fue Presidente y yo Secretario. Al segundo período del 78 al 82, yo fui Presidente y decidimos tener sede propia, para lo cual nos inventamos unos bonos préstamo voluntarios de los colegiados para adquirir un humilde local en Ermitagaña. Recuerdo que gestioné la compra del local a un cliente constructor a precio de "casa", creo eran 6.500 ptas. metro... y como cincuenta metros aproximadamente en un ático.

En el entorno del ámbito de los medios disponibles la diferencia también es abismal. Empezamos porque las normas entonces perduraban en el tiempo inamovibles, por ejemplo la Ley de Contrato de Trabajo. Ahora el poder legislativo es una factoría de disposiciones legales de ámbito nacional o autonómico y constantemente con cambios, además de las dichosas circulares o boletines internos de las Entidades Gestoras y por supuesto todo bien "condimentado" con doctrina jurisprudencial. En el ámbito de los medios mecánicos pensar que no existía informática, se trabajaba con calculadora, máquinas de escribir y constantes consultas de tomos de Aranzadi. Realmente nuestra profesión requiere tener la cabeza muy bien amueblada para no quedarte en el camino. También es cierto que cuánto más difícil esté, para nosotros es mejor, ya que si estuviera fácil tendríamos menos trabajo.

¿Echa algo de menos en la manera de trabajar de aquéllos años?

Lo tengo muy claro, la diferencia es el cliente. Antes yo era el "confesor" del cliente con un trato muy cercano basado en la confianza. Ahora, fruto de la evolución de la sociedad, la globalización y la competencia; hemos pasado a ser un proveedor de servicios legales. Antes nos entendíamos con la propiedad, ahora casi ni la conocemos, tenemos interlocutores varios-pintos y cambiantes. Por tanto yo echo en falta la continuidad del interlocutor en las organizaciones empresariales que solamente se consigue en las micropymes con la propiedad. Es determinante exigir al cliente el perfil interno de nuestro interlocutor en el servicio, para que éste sea fluido y cumpla los requisitos de calidad.

¿Qué opina respecto a la profesión en la actualidad? ¿Ha mejorado? ¿Qué problemas le encuentra?

Es obvio que la profesión desde que yo empecé ha mejorado todo. Creo que el gran hito lo conseguimos con el cambio del plan de estudios y el reconocimiento universitario, pasando de un título especializado a un título académico. Los problemas de la profesión no son tanto la competencia desleal como la mayoría de los colegas citan. Hoy la globalización está destruyendo los privilegios de las competencias profesionales en general y en este mundo llamado mercado, hay distintos agentes de servicios, cuyo único parámetro está siendo la responsabilidad profesional frente a terceros en caso de no cumplir correctamente los servicios encomendados. Por tanto los problemas actuales estriban más en crear organizaciones y equipos de trabajo viables en el mercado, que según su dimensión, sus titulares estamos pasando por la vía del hecho a ser gerentes, para lo cual nos tenemos que defender como podemos en diferentes esferas y en plan autodidacta. El Graduado Social ayudado exclusivamente con personal auxiliar, se deberá defender encontrando segmentos concretos de mercado, ya que abarcar muchos sectores requiere para ser competitivo equipos de trabajo formados constantemente en los cambios legales, métodos de trabajo y herramientas informáticas.

Desde su experiencia, ¿qué haría para mejorar la profesión y su consideración en la sociedad?

También lo tengo claro. Nuestras directivas de las organizaciones colegiales en general y de sus cúpula y juntas de gobierno centrales en

Los alumnos del centro de estudios sociales de Pamplona, reunidos en Asamblea General Extraordinaria han decidido convocar la sus--pensión de toda la actividad academica ante la netgtiva radical y absoluta por parte de la Escuela Social de Zaragoza de dar solu--ción a nuestras reivindicaciones que fueron igualmente asumidas por nuestro profesorado en un escrito dirigido a la Direcciºon de dicha Escuela ante el que igualmente han hecho caso omiso.

Nuestras reivindicaciones están fundamentadas en el Decreto 921/80 que regula nuestras enseñanzas autorizando a que las mismas, sean impartidas con carácter oficial en centros estatales denominados Escuelas sociales y en Centros no Estatales autorizados como es el caso de Pamplona.

El mencionado decreto en su articulo 7º punto 3º dice: "Los Centros no Estatales autorizados estarán adscritos a efectos de matricula-ción y evaluacion final de sus alumnos a una escuela social.

Pensamos que una interpretaci-on flexible de dicho artículo permite la posibilidad de que los profesores de nuestros centro, ademas de impartir las asignaturas correspondientes, sean igualmente aptos para la formulación y posterior calificación tanto de los exámenes parciales que puedan establecerse como en el caso de los exámenes finales de cada curso academico, lo cual no estaría en contradiccion con el posible desplazamiento a estos últimos de un Tribunal designado por la Escuela Social de Zaragoza a fin de darles a estas pruebas un mayor rigor y seriedad si cabe.

Creemos igualmente que se da cumplimiento al mencionado artículo en lo que a evaluación final de sus alumnos se refieremediante la calificación por parte del profesorado de Zaragoza de las tesinas de fin de carrera que en última instancia supeditan la concesión del título de Graduado Social a los alumnos, y a lo que en ningún momento nos oponemos.

LA OFICIALIZACIÓN ACADÉMICA (1980)

El periodo comprendido entre 1980 y 1986 constituyó una etapa de transición crucial en la historia de la profesión de Graduado Social en España. Fue el momento en que la formación, hasta entonces relegada a un ámbito parauniversitario dependiente del Ministerio de Trabajo, alcanzó reconocimiento académico oficial y se encaminó hacia su plena integración en el sistema universitario. En el caso de Navarra, estos años representaron la consolidación del Seminario de Estudios Sociales de Pamplona y el inicio de las tensiones que acabarían conduciendo a su desaparición, consecuencia directa de su falta de autonomía académica y administrativa.

El paso decisivo hacia la institucionalización académica de los estudios de Graduado Social se produjo con la promulgación del Real Decreto 921/1980, de 3 de mayo, que reguló por primera vez de forma sistemática la ordenación de estas enseñanzas y de los centros encargados de impartirlas. Hasta ese momento, la formación de los Graduados Sociales había permanecido en una situación de clara marginalidad institucional, al no estar integrada en el sistema universitario.

La nueva norma otorgó a las escuelas sociales el carácter de enseñanzas especializadas, en aplicación del artículo 46 de la Ley General de Educación, y estableció un régimen académico homologable al de los estudios universitarios de primer ciclo. Tras tres cursos académicos, los estudiantes obtenían el título de Graduado Social Diplomado, que, aunque no era plenamente universitario, contaba ya con la misma estructura y requisitos de acceso que las diplomaturas oficiales.

Pese a este avance, la dependencia institucional de las escuelas sociales respecto del Ministerio de Trabajo y Seguridad Social se mantuvo, reservándose al Ministerio de Educación y Ciencia únicamente las competencias de supervisión académica. El Plan de Estudios aprobado el 26 de septiembre 1980, buscó unificar la formación en toda España, estableciendo un currículo común cuyo objetivo declarado era formar «técnicos en materias sociales y laborales». Este Plan constituyó la base académica sobre la que se sustentó

Nota de prensa de los estudiantes del Centro de Estudios Sociales de Pamplona por la huelga de 1983.

M E M O R I A
=================

Por R.D. 921/1.980 de 3 de Mayo, el antiguo Seminario de Estudios
Sociales de Navarra ha pasado a ser Centro no Estatal de Enseñanzas ––
Especializadas de Graduado Social, adscrito a la Escuela Social de –––
Zaragoza. Esta denominación ha sido dada por el Ministerio de Univer––
sidades e Investigación.

Requisito previo para obtener la autorización ha sido el cumpli––
miento de las siguientes condiciones :

1 .– Acreditar la personalidad de los promotores.
2 .– Acreditar el nº de puestos escolares.
3 .– Indicar la localización e instalaciones existentes o proyec-
       tadas.
4 .– Determinar la plantilla del profesorado.
5 .– Presentar un proyecto de Reglamento Interior.
6 .– Acreditar los recursos económicos con que contará el Centro
       incluidas las cuotas a satisfacer por los alumnos.

Con relación a estos puntos, la Asociación de Alumnos del Centro
quiere exponer lo siguiente :

1 .– Personalidad de los promotores :
       En el Centro se nos ha informado que el promotor es la Organi-
       zación Sindical pero tenemos dudas al respecto ya que dicha ––
       Organización está extinguida y por tanto no tiene capacidad ––
       jurídica.
       Nosotros pensamos que el promotor es el Director del Centro.

2 .– Nº de puestos escolares :
       Actualmente el nº de alumnos matriculados es de 228
       Curso de acceso ......
         "   1º   ....
         "   2º   ....
         "   3º   ....
       Del total de alumnos ...... son trabajadores, lo que supone ––
       el ..... %
       A partir del curso 80–81 el incremento de alumnos ha sido de ··
       ..... dándose una situación de alza en los Estudios de Graduado
       Social a nivel de Navarra.

Los Estudios constan de las siguientes asignaturas:
– Curso de Acceso : – Matemáticas
                     – Lengua y Literatura
                     – Historia
                     – Geografía Política y Económica

– 1er Curso   :   – Introducción al Derecho
                     – Historia Social del Trabajo
                     – Economía
                     – Derecho del Trabajo I
                     – Organización de Empresas y Administra-
                       ción de Personal
                     – Sociología

– 2º Curso   :   – Derecho del Trabajo II
                     – Seguridad Social
                     – Estructura Económica de España
                     – Derecho Sindical
                     – Cooperación
                     – Contabilidad

– 3er Curso   :   – Seguridad e Higiene en el Trabajo
                     – Derecho Administrativo
                     – Relaciones Industriales
                     – Derecho Procesal Laboral
                     – Prácticas de Seguridad Social
                     – Estadística

Para obtener el título de Graduado Social, equivalente a diplomado Universitario, es necesario superar las pruebas de -
Reválida o en su lugar presentar y superar un trabajo de Fin
de Carrera (Tesina)
Los programas de las asignaturas vienen impuestos de Zaragoza
no pudiendo los profesores del Centro modificarlos ni introducir temas importantes que afecten a Navarra como Comunidad ––
Autónoma (Ej. Derecho Foral etc.)
En los distintos cursos se realizan exámenes parciales no liberatorios, siendo el examen final impuesto y evaluado por los
profesores de Zaragoza.

A este respecto hemos manifestado en repetidas ocasiones
nuestra postura opuesta a tal sistema, ya que creemos que
tanto desde el punto de vista docente como pedagógico es
negativo.
Creemos que quienes deben evaluar los exámenes (por tanto
los parciales serían liberatorios) son los profesores que
nos imparten las asignaturas ya que se les exige la misma
titulación que a los de la Escuela Social de Zaragoza y -
conocen las características de sus alumnos y su rendimien-
to durante el curso.
En este sentido pensamos que estamos discriminados con ––
respecto al resto de alumnos oficiales de otras escuelas
y aun de otros centros no estatales.

3 .– Instalaciones existentes:
       El Centro tiene su domicilio en C/ Iturralde y Suit s/n,
       en los locales de la antigua Escuela Sindical.
       Estos locales son Patrimonio Sindical y por lo tanto perte-
       necen al Ministerio de Trabajo y Seguridad Social que los -
       cede para realizar estos estudios.
       Actualmente y debido a la gran afluencia de alumnos en los
       últimos años los citados locales resultan pequeños.

4 .– Plantilla de profesores:
       Todos ellos reúnen las condiciones exigidas en el R.D.921/80
       en su artículo 8.1
       No han sido contratados por oposición.

5 .– Reglamento de Régimen Interior:
       Ha sido elaborado exclusivamente por el Director del Centro
       sin consultar en ningún momento con los representantes de -
       los alumnos.

6 .– Recursos económicos: – Tasas académicas
                          – Subvención de Diputación F. de Navarra
       – Las tasas académicas satisfechas por cada alumno en el ––
         curso 83–84 han ascendido a 20.000 Pts. y por los alumnos
         miembros de familia numerosa a 15.000 Pts.
       – En el caso de que en este curso no haya subvención de la

Diputación Foral de Navarra, las tasas se incrementarán
en 5.000 pts. por alumno.

Por todo lo expuesto, necesitamos saber la posición de Diputación
Foral de Navarra sobre nuestro Centro, así como de la posible creación de una Universidad Pública en Navarra de cara a plantear en el
futuro nuestra dependencia de la Escuela Social de Zaragoza o de la
citada Diputación Foral de Navarra en base al artículo 46 de la Ley
de Amejoramiento del Fuero.

Memoria del Centro no
Estatal de Enseñanzas
Especializadas de
Graduado Social
adscrito a la Escuela
Social de Zaragoza,
1983.

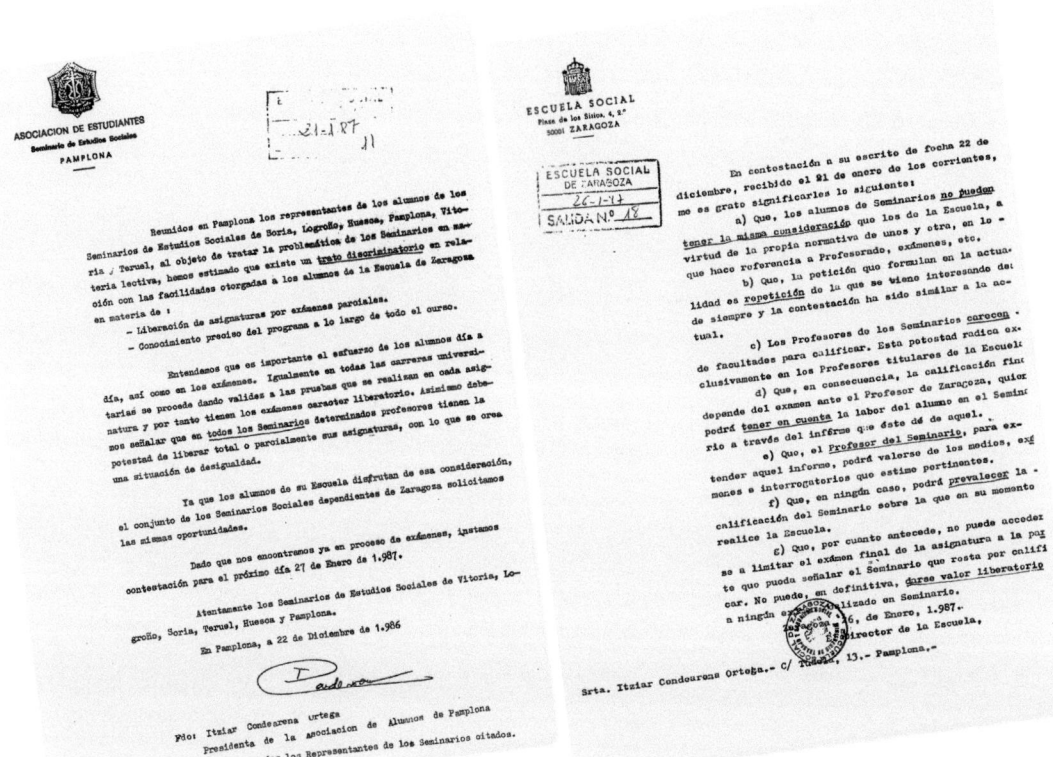

Reivindicaciones de la Asociación de Estudiantes del Seminario de Estudios Sociales de Pamplona, 1986.

la transición hacia la formación universitaria. Su diseño fue común y obligatorio para todas las escuelas sociales del Estado, sin posibilidad de introducir asignaturas específicas de carácter local.

La nueva normativa permitió que el Seminario de Estudios Sociales de Pamplona fuese reconocido por el Ministerio de Universidades e Investigación como un Centro no estatal de Enseñanzas Especializadas de Graduado Social. No obstante, esta oficialización no supuso su independencia. Por el contrario, el Seminario quedó adscrito jerárquicamente a la Escuela de Graduados Sociales de Zaragoza, a efectos de matrícula, exámenes y expedición de títulos.

A partir del curso 1980-1981, el Seminario de Estudios Sociales de Pamplona venía experimentando un notable incremento en el número de matriculados, alcanzando un total de 228 alumnos, de los cuales 189 pertenecían al curso de acceso. Se estimaba que alrededor del 66 % de los estudiantes eran trabajadores en activo, lo que reafirmaba el carácter profesional y de promoción laboral que históricamente había caracterizado al centro.

El plan de estudios, que conducía al título de Graduado Social, se estructuraba en un curso de acceso y tres cursos académicos posteriores. Las asignaturas abarcaban un

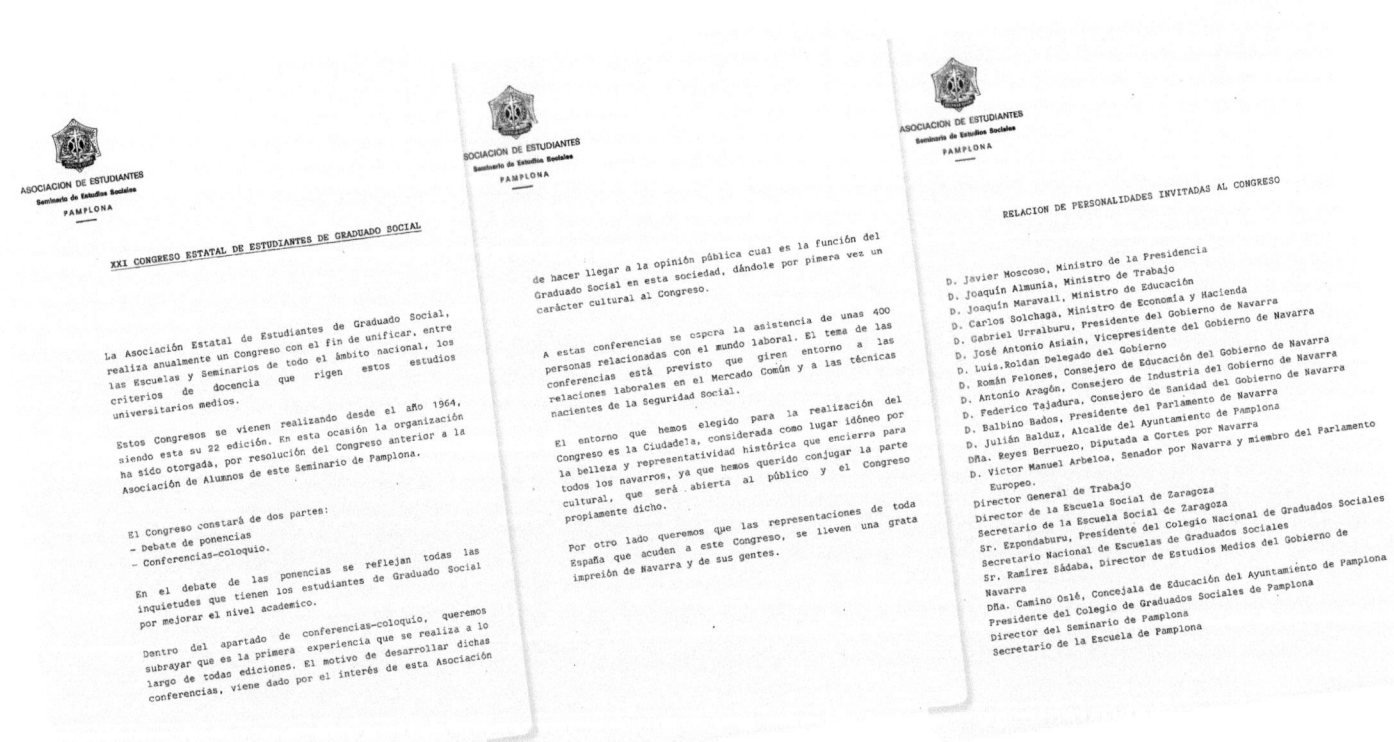

XXI Congreso estatal de estudiantes de Graduado Social. Presentación.

amplio espectro de materias, entre ellas Derecho del Trabajo, Seguridad Social, Economía, Historia Social, Organización del Estado Español y Estadística. Los programas oficiales eran fijados por la Escuela de Graduados Sociales de Zaragoza, lo que impedía a los docentes navarros introducir modificaciones o incluir contenidos propios del Derecho foral navarro, cuya ausencia era motivo recurrente de crítica.

En cuanto al profesorado, todos los docentes cumplían los requisitos de titulación exigidos por el Real Decreto 921/1980, el mismo que regía para las escuelas sociales oficiales, aunque no habían sido contratados mediante concurso-oposición. El centro se encontraba todavía ubicado en la calle Iturralde y Suit, en locales pertenecientes al Patrimonio Sindical y cedidos por el Ministerio de Trabajo y Seguridad Social. Durante el curso 1983-1984, las tasas académicas ascendían a 20.000 pesetas por alumno (15.000 para familias numerosas), previéndose un incremento adicional de 5.000 pesetas en caso de no obtener la subvención anual de la Diputación Foral de Navarra. En este curso, el Seminario mantenía 228 alumnos matriculados. Pronto la sede se trasladaría la calle González Tablas, n.º 7, de Pamplona.

Sede del Seminario de Estudios Sociales de Pamplona, en la calle González Tablas.

Asociación de Estudiantes
de Graduado Social

Pamplona - Navarra

Mutual Cyclops

Mutua Patronal de
Accidentes de Trabajo n.º 126

Pamplona, Marzo 1986

Asociación de Estudiantes de
Graduado Social

González Tablas, s/n · Pamplona

Mutual Cyclops
Sangüesa, 6 · Teléfonos 23 05 62 · 24 37 62
Pamplona

XXI congreso estatal de
estudiantes de graduado social

Jueves, 6 Marzo

D. JOAQUIN NOGUERA DINI

Departamento Técnico Mutual Cyclops

Tratamiento Administrativo del
Accidente de Trabajo

Viernes, 7 Marzo

Ilmo. Sr. D. FELIX - FCO. ZAMORA RUIZ
Presidente del Ilustre Colegio Oficial
de Graduados Sociales de Madrid

D. PEDRO ROMON FERNANDEZ
Graduado Social

Relaciones Laborales
y Seguridad Social en la
Comunidad Económica Europea

Sábado, 8 Marzo

M.ª JESUS ZABALETA ITURBE

Asesor de Relaciones Institucionales
de la Secretaria General Técnica
de la Caja Laboral Popular

La Experiencia Cooperativa en
Mondragón

Lugar:
SALA DE MIXTOS DE LA CIUDADEL
DE PAMPLONA

Hora:
7,30 de la tarde

XXI Congreso estatal de
estudiantes de Graduado
Social. Programa.

Diploma de Graduado Social expedido por la Escuela Universitaria de Graduados Sociales de Zaragoza, de María Mercedes Langarica.

A mediados de la década de 1980, el Seminario atravesó una de las crisis más profundas de su historia, originada por el sistema de evaluación impuesto por la Escuela de Zaragoza. Si bien los exámenes parciales podían realizarse en Pamplona, los exámenes finales eran elaborados y corregidos exclusivamente por profesores zaragozanos, lo que generó una creciente insatisfacción entre el alumnado y el profesorado del centro. Las reivindicaciones de ambos colectivos se centraban en reclamar una aplicación más flexible del Real Decreto 921/1980, que permitiera a los profesores del Seminario formular y calificar los exámenes finales de sus propias asignaturas, convirtiendo los parciales en liberatorios. Argumentaban que el sistema vigente resultaba pedagógicamente inadecuado, pues la evaluación por parte de docentes ajenos a la docencia directa provocaba conflictos, desmotivación y una sensación de agravio comparativo frente a otros centros oficiales y privados que sí disfrutaban de mayor autonomía. Asimismo, el profesorado

reclamaba capacidad académica para adaptar los programas a la realidad navarra, incluyendo materias de especial relevancia como el referido Derecho foral. La situación era percibida como una «humillante contradicción», dado que se exigía a los docentes del Seminario la misma titulación que a los de Zaragoza, sin otorgarles iguales atribuciones académicas. Pese a todo, los estudiantes no se oponían a que la evaluación de las tesinas de fin de carrera –requisito para la obtención del título– continuara a cargo del profesorado zaragozano.

Entre 1983 y 1987, esta situación derivó en diversas protestas estudiantiles, que en ocasiones incluyeron la suspensión de las clases. Las principales reclamaciones giraban en torno a tres aspectos: la negativa de Zaragoza a conceder exámenes liberatorios, la corrección externa de los exámenes finales y la imposibilidad de incluir contenidos locales en el currículo oficial, tal y como tendremos ocasión de observar a continuación.

Orla de la Promoción 1984-1985 del Seminario de Estudios Sociales de Pamplona, dependiente de la Escuela Universitaria de Graduados Sociales de Zaragoza.

INTEGRACIÓN UNIVERSITARIA Y EXTINCIÓN DEL SEMINARIO (1986-1993)

Durante la segunda mitad de los años ochenta, la integración universitaria de los estudios de Graduado Social en España constituyó un punto de inflexión decisivo tanto en el ámbito educativo como en el profesional. Este proceso, que culminó con la plena incorporación de dichas enseñanzas al sistema universitario, representó un paso firme hacia la consolidación académica de la profesión, pero también implicó la desaparición de las estructuras formativas tradicionales, como ocurrió con el Seminario de Estudios Sociales de Pamplona.

El impulso determinante llegó con la aprobación del Real Decreto 1524/1986, de 13 de junio, por el que se dispuso la plena incorporación de los estudios de Graduado Social al ámbito universitario, otorgando al título de Graduado Social Diplomado valor oficial universitario. La norma, en desarrollo de la Ley Orgánica de Reforma Universitaria (LO 11/1983), establecía además que los antiguos seminarios de estudios sociales debían transformarse en Escuelas Universitarias adscritas a una universidad en un plazo máximo de tres años. En caso contrario, serían automáticamente extinguidos. Aquella disposición colocó al Seminario de Pamplona ante una carrera contrarreloj. Sin estructura universitaria propia y dependiente todavía del Ministerio de Trabajo, el centro afrontaba el reto de lograr su adscripción antes de junio de 1989. Con más de seiscientos alumnos y una plantilla de casi una veintena de profesores, el Seminario era un referente formativo consolidado, pero su futuro se veía comprometido por las exigencias legales.

El Claustro de profesores y los representantes del alumnado, conscientes de la gravedad de la situación, dirigieron el 25 de enero de 1989 un escrito formal al rector de la Uni-

Construcción del campus de Arrosadia de la UPNA. 1992.

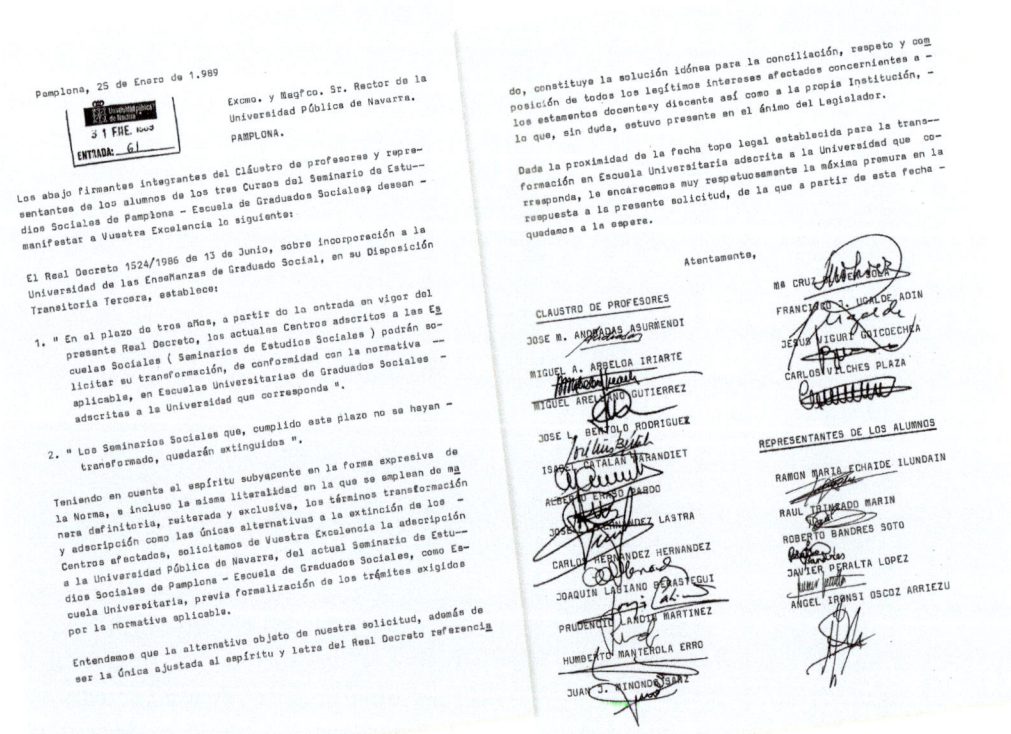

Solicitud de profesores
y estudiantes del
Seminario de Estudios
para transformarlo en
Escuela Universitaria de
la UPNA. 1989.

versidad Pública de Navarra (UPNA), Pedro Burillo López, solicitando la adscripción del Seminario como Escuela Universitaria. En su comunicación, subrayaban que los términos «transformación» y «adscripción» eran los únicos admitidos por el Real Decreto y que, por tanto, su petición se ajustaba plenamente a la legalidad vigente. La adscripción, argumentaban, no solo permitiría la supervivencia del centro, sino que también conciliaba «el respeto y la composición de todos los legítimos intereses afectados»: los del alumnado, el profesorado y la propia institución universitaria. Dada la inminencia del vencimiento del plazo legal, reclamaban una respuesta urgente.

La Comisión Permanente de la Gestora de la UPNA analizó la solicitud el 1 de febrero de 1989, y pocos días después, el 7 de febrero, se hizo pública la respuesta oficial del rector. Aunque el documento no negaba la posibilidad de adscripción, establecía una serie de condiciones complejas y difíciles de cumplir. La transformación del Seminario en Escuela Universitaria debía tramitarse ante tres instancias distintas —el Consejo de Universidades, la Comunidad Autónoma de Navarra y el Ministerio de Educación y Ciencia— antes de poder siquiera iniciar la negociación del convenio de adscripción con la Universidad. Este

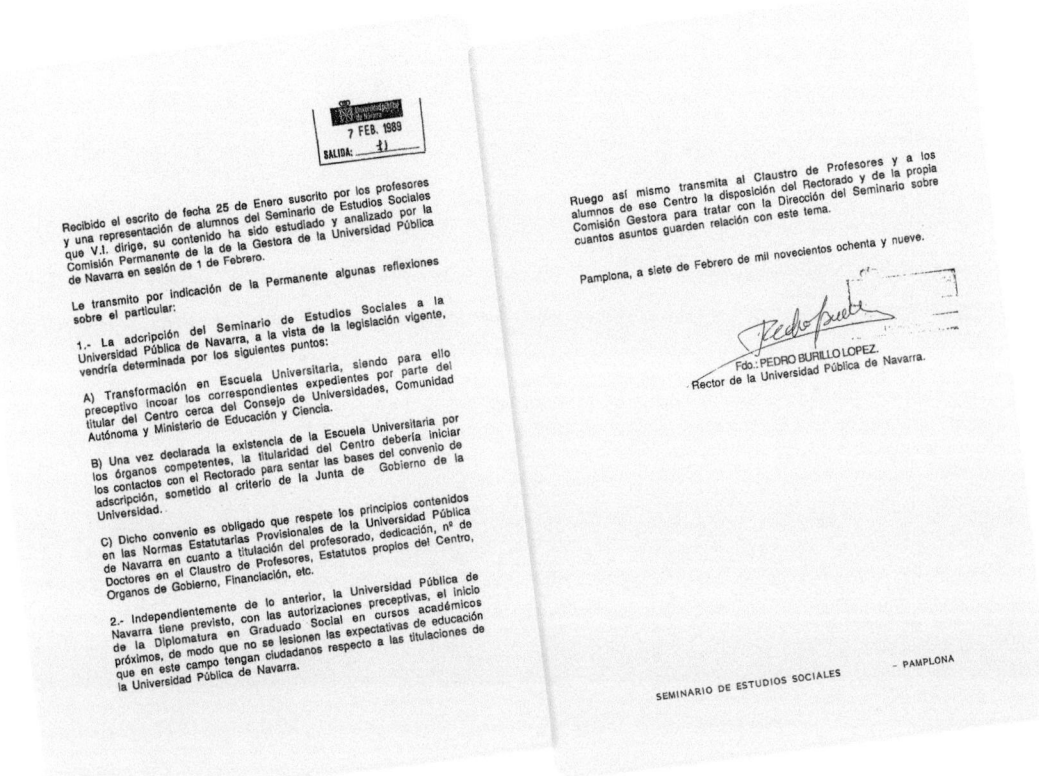

Contestación del rector de la UPNA a la solicitud de los profesores y estudiantes. 1989.

convenio, además, debía someterse al criterio de la Junta de Gobierno de la UPNA y ajustarse estrictamente a las Normas Estatutarias Provisionales de la institución, que fijaban requisitos rigurosos sobre titulación y dedicación del profesorado, número de doctores, estructura de gobierno y financiación.

La respuesta del rector contenía, sin embargo, una información decisiva: la UPNA ya había decidido implantar su propia diplomatura en Graduado Social, con plan de estudios y profesorado propios, y tenía previsto iniciar el primer curso en 1989-1990. Esta decisión, publicada posteriormente en el BOE del 21 de noviembre de 1989, evidenciaba que el futuro de la titulación en Navarra pasaba por la nueva universidad pública, y no por la integración del Seminario.

La noticia provocó una reacción inmediata en el centro. El 24 de febrero de 1989, profesores y alumnos convocaron una huelga indefinida, suspendiendo toda actividad académica como forma de protesta frente a lo que consideraban una decisión injusta y desconsiderada. Para el alumnado de segundo y tercer curso, la desaparición del Seminario suponía verse obligado a trasladarse a Zaragoza para finalizar sus estudios, con el

CONVENIO ENTRE LA UNIVERSIDAD PUBLICA DE NAVARRA Y EL COLEGIO OFICIAL DE GRADUADOS SOCIALES DE NAVARRA PARA LA CREACIÓN Y FUNCIONAMIENTO DE LA ESCUELA DE PRÁCTICA LABORAL ASI COMO PARA LA COLABORACIÓN MÚTUA EN OTRAS ACTIVIDADES ACADÉMICAS Y PROFESIONALES.

Pamplona   1992

La incorporación a la Universidad Pública de Navarra de las enseñanzas de Graduado Social y la decisión de su Comisión Gestora de que aquellas se organizasen con entidad propia, en el marco de la Facultad de Ciencias Humanas y Sociales, abren nuevas espectativas y necesidades ante las cuales la Institución académica no puede permanecer inactiva.

Entre ellas, se encuentra la de complementar la formación recibida en las Aulas con unos conocimientos específicamente profesionales, a fin de facilitar la andadura de aquellos titulados que opten por el ejercicio de la profesión de Graduado Social, sin descartar tampoco la tarea de reciclaje y perfeccionamiento permanente para quienes años atrás obtuvieron su titulación. No en vano uno de los fines prioritarios de la Universidad Pública de Navarra consiste en la colaboración con entidades públicas y privadas para promover el desarrollo de cursos de postgrado, especialización y perfeccionamiento (Art. 19. d de sus Normas Estatutarias Provisionales) en el marco de la propia finalidad descrita en su artículo 5.

Por otro lado, el conjunto profesional de los Graduados Sociales radicados en la Comunidad Autónoma de Navarra no es, en absoluto, ajeno a las necesidades que acaban de expresarse. Los popios Estatutos de sus Colegios Oficiales aprobados por R.D. 3.549/77 de 16 de Diciembre atribuyen a estos la función de mantener contacto permanente con los Centros Docentes que imparten las enseñanzas de Graduado Social, así como las de preparar la información necesaria para facilitar el acceso a la vida profesional de los nuevos profesionales o de organizar cursos para la formación profesional de los postgraduados (art. 3 f y r).

Adicionalmente, el elevado número de alumnos que en los últimos años vienen finalizando sus estudios de Graduado Social ha motivado la insuficiencia de los cauces a cuyo través se había facilitado tradicionalmente su inicial contacto con el ejercicio de la profesión y en definitiva el aprendizaje inherente al mismo.

No es aventurado, por tanto, afirmar que, dada la repercusión que en el mundo social posee el ejercicio de la profesión de Graduado Social - que en el futuro más inmediato lo será de titulado en Relaciones Laborales - al facilitar con la mejor preparación posible el acceso de nuevas promociones a su actividad como tales se está apoyando el desarrollo social y económico, en línea con lo marcado por la Ley de Reforma Universitaria y los Estatutos Provisionales de esta Universidad.

Es por ello que, en tales condiciones, el nacimiento de una Escuela de Práctica Laboral, semejante a las que existen en otras Universidades y Comunidades Autónomas, como fruto de una iniciativa conjunta de las instituciones sobre las que recae la responsabilidad no sólo es símbolo de cooperación, prefiriendo el acuerdo a la iniciativa unilateral, sino que debiera constituir asimismo una solvente garantía para su perdurabilidad y adecuado funcionamiento a fin de que la Universidad preste servicio también por esta vía a la Sociedad a la que se debe.

En tal confianza, previa la aprobación de sus respectivas Juntas de Gobierno y al amparo de la representación que ostentan, comparecen en Pamplona de una parte el Rector de la Universidad Pública de Navarra, D. Juan García Blasco y, de otra, D. Francisco Javier Duque Alonso, como Presidente del Ilustre Colegio Oficial de Graduados Sociales de Navarra, quienes rubrican el presente Convenio con arreglo a las siguientes,

ESTIPULACIONES:

PRIMERA.- NATURALEZA Y ESTRUCTURA.-

1º) La Escuela de Práctica Laboral (E.P.L.) es un centro especializado, carente de personalidad jurídica y adscrito orgánicamente a la Universidad Pública de Navarra a través de su Facultad de Ciencias Humanas y Sociales y al Colegio Oficial de Graduados Sociales de Navarra.

2ª) Los fines primordiales de la E.P.L. tienden a facilitar los conocimientos de tipo operativo y práctico necesarios para el mejor ejercicio de la profesión de Graduado Social, complementando la formación de los Estudios de la Titulación, así como atender a las exigencias derivadas de la permanente actualización de los conocimientos de los titulados en Relaciones Laborales.

3ª) El órgano de gobierno ordinario de la E.P.L. viene constituido por su Dirección la cual queda integrada por un Director, nombrado por el Excmo. Sr. Rector previo acuerdo con el Colegio de Graduados Sociales y oído el Decano de la Facultad de Ciencias Humanas y Sociales, de entre alguno de sus Catedráticos de Universidad perteneciente a un área de conocimiento con presencia en la Titulación o, en su defecto, de un Profesor Titular de Universidad, y por un Subdirector nombrado por el Colegio de Graduados Sociales, previo acuerdo con el Rector de la Universidad, de entre los Colegiados ejercientes. Ambas partes se notificarán el nombramiento y cese del cargo nombrado o cesado conforme al mismo procedimiento por cada una de ellas.

4ª) El órgano de gobierno supremo de la E.P.L. es el consejo Rector, cuya composición es la que sigue:

- El Rector de la Universidad, que es su Presidente nato.
- El Presidente del Colegio de Graduados Sociales, que es su Vicepresidente nato.
- El Decano de la Facultad de Ciencias Humanas y Sociales.
- Dos Graduados Sociales, designados por la Junta Directiva de su Colegio.

SEGUNDA: FUNCIONAMIENTO Y RÉGIMEN ECONOMICO

1º) La E.P.L., tiene su sede en la Facultad de Ciencias Humanas y Sociales de la Universidad Pública de Navarra.

Convenio entre la UPNA y el Colegio Oficial de Graduados Sociales de Navarra para la creación de la Escuela de Práctica Laboral. 1992.

2ª) Las funciones administrativas y auxiliares inherentes al funcionamiento de la E.P.L. serán asumidas por el Personal de Administración y Servicios adscrito a la Facultad, bajo la directa supervisión del Director y Secretario de la Escuela.

3ª) La Universidad facilitará los locales necesarios para el desarrollo de las actividades organizadas por la E.P.L., así como el material no inventariable (fotocopias, material de oficina, etc.) necesario al efecto y el servicio de cartería. A efectos presupuestarios, existirá una partida específica a nombre de la E.P.L. o la Facultad de Ciencias Humanas y Sociales habilitará, de entre sus presupuestos las cantidades al efecto.

4ª) El Colegio de Graduados Sociales se obliga a aportar al presupuesto de la Escuela las cantidades anuales que su Junta General acuerde con independencia del origen de dichos fondos, así como su apoyo logístico, y facilitará la comunicación con todos los colegiados.

5ª) Sin perjuicio de las competencias que, conforme a la legislación universitaria, corresponda al Consejo Social de la Universidad, las tasas para cada curso serán aprobadas por el Consejo Rector antes de su inicio, a fin de afrontar los gastos presupuestados. Los ingresos se completarán con subvenciones y ayudas obtenidas de instituciones públicas o privadas así como, en su caso, con otras donaciones y aportaciones que puedan recibirse.

6ª) Sin perjuicio de las competencias que, conforme a la legislación universitaria corresponda al Consejo Social de la Universidad, al inicio de cada curso el Consejo Rector determinará la gratificación que deba abonarse al Profesorado interviniente en las actividades ordinarias de la Escuela.

7ª) Los fondos aportados por la Universidad serán administrados conforme a lo dispuesto en sus normas específicas de gestión, el resto de los ingresos será administrado por el Colegio de Graduados Sociales.

8ª) Por el desempeño del cargo y el cumplimiento de la función, el Director de la Escuela de Práctica Laboral, percibirá una cantidad anual (por curso académico) que determinará en consejo Rector, sin perjuicio de las competencias que, conforme a la Legislación Universitaria, corresponda al Consejo Social de la Universidad. También percibirá una cantidad por el ejercicio de su función el Subdirector y el Secretario de la Escuela.

TERCERA: RÉGIMEN ACADÉMICO.-

1ª) Corresponde al Consejo Rector, a propuesta del Director de la Escuela, la programación de las actividades y la organización de un curso general de Práctica Laboral cada año, así como de cursos de especialización, formación, actualización de conocimientos, conferencias, coloquios y otras actividades relacionadas con su finalidad.

2ª) En el curso general podrán matricularse quienes hayan superado todas las asignaturas integrantes del Plan de Estudios de Graduados Sociales, y excepcionalmente los alumnos del último curso de la Titulación. En los restantes cursos y actividades, quienes reunan los requisitos fijados por la Escuela.

3ª) A quienes hayan superado con aprovechamiento el correspondiente curso les será expedido un Diploma acreditativo, conjuntamente respaldado por el Excmo. Sr. Rector y por el Ilmo. Sr. Presidente del Colegio de Graduados Sociales. En el reverso se hará constar el título, duración y contenido del curso. En caso de no superar las correspondientes pruebas, se expedirá un certificado de asistencia.

4ª) El Profesorado para cada Curso será designado, de comun acuerdo, por la Dirección de la Escuela para cada curso concreto, debiendo recaer el nombramiento entre profesionales de reconocido prestigio.

CUARTA: COLABORACION EN OTRAS ACTIVIDADES ACADEMICAS Y PROFESIONALES.-

1ª) Será a través de la Escuela de Práctica Laboral como tendrá lugar también la realización de prácticas académicas y profesionales integradas de los alumnos del último curso de la Titulación, las cuales sustituirán, en su caso, mientras siga vigente, al trabajo fin de Carrera, debiendo, a tal efecto, los alumnos que la realicen superar los sistemas de evaluación que se fijen. Para ello, el Colegio de Graduados Sociales, sus colegiados ejercientes y los Departamentos de personal en que prestan sus servicios contribuirán con su aportación material y personal a la consecución del objetivo propuesto.

2ª) En el marco de las obligaciones asumidas por la Universidad Pública de Navarra y el Colegio de Graduados Sociales al amparo de este convenio, la primera se compromete a:

a) Solicitar información previa al Colegio para la elaboración y modificación de los planes de estudio de la titulación en Relaciones Laborales.

b) Hacer extensiva a los Graduados Sociales las posibilidades de asistencia a cursos, seminarios, conferencias, etc., organizados por la propia Universidad y que versan sobre materias del ámbito profesional de los mismos.

c) Dar participación en las enseñanzas prácticas de la carrera, siempre que la legislación lo permita, a los titulados en Graduado Social de Navarra, a través de su colegio.

3ª) Con el fin de contribuir también a la preparación técnica de los titulados que pretenden acceder a algunos de los cuerpos de la Administración pública estatal, autonómica o local, tanto la Escuela, como el Colegio de Graduados Sociales, tratarán de articular fórmulas que faciliten a los titulados la preparación de los temarios de los concursos-oposiciones a los que pretendan presentarse. De la misma manera, se establecerán mecanismos para que los titulados universitarios puedan adquirir conocimientos que faciliten el ejercicio de la actividad

---

profesional por cuenta ajena al servicio de empresas u otras instituciones, así como la actividad libre por cuenta propia.

4ª) El colegio de Graduados Sociales de Navarra viene obligado también, a través de su Comisión de Cultura, a la Organización de cursos, conferencias, coloquios, charlas, etc. que se crean convenientes para la formación y perfeccionamiento de los Colegiados, contando, en su caso, para ello con el Profesorado de la Universidad Pública de Navarra.

QUINTA: DURACION DEL CONVENIO.-

El presente Convenio extiende sus efectos al curso académico 1992-1993, prorrogándose tácitamente de año en año siempre que no fuera denunciado, para su revisión o extinción, por cualquiera de las partes con tres meses de antelación.

Pamplona, a 18 de junio de 1992

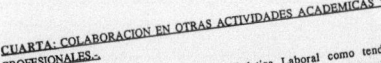

JUAN GARCIA PLAZ
RECTOR.

consiguiente perjuicio económico y personal. El profesorado, por su parte, interpretó la medida como un intento de «borrón y cuenta nueva» que ignoraba más de treinta años de docencia y experiencia profesional acumulada.

El Gobierno de Navarra, a través de su consejero de Educación, Román Felones, intervino en el conflicto el 17 de marzo de 1989, manifestando públicamente la voluntad del Ejecutivo Foral de que la nueva diplomatura de Graduado Social se integrara plenamente en la UPNA, lo que descartaba impartir el primer curso en el Seminario. Aunque Felones reconoció la legalidad de mantener una escuela adscrita, consideró que su pervivencia no era deseable. El Gobierno adoptó así una posición subsidiaria, recordando que la titularidad del Seminario correspondía al Ministerio de Trabajo y la garantía académica al Ministerio de Educación y Ciencia, a través de la Universidad de Zaragoza. Su objetivo declarado era asegurar una transición ordenada, aunque su postura fue interpretada en otros sectores como un abandono del centro.

Entre las voces críticas destacó la del portavoz de Eusko Alkartasuna en el Parlamento de Navarra, Gregorio Monreal Zia, quien denunció que el Gobierno había optado por la «extinción lisa y llana» del Seminario sin explorar alternativas viables, pese a que la adscripción universitaria era, en sus palabras, una solución legal y plenamente factible. El Ejecutivo Foral, en todo caso, se comprometió a mantener la cesión de los locales al Ministerio de Trabajo y a garantizar las subvenciones si se acreditaba una necesidad justificada.

Para los defensores del Seminario, la solución debía encontrarse en el artículo 47 del Amejoramiento del Fuero, que otorgaba a Navarra competencias plenas en materia de

enseñanza, y que, a su juicio, habilitaba al Gobierno Foral para mantener y transformar el centro. Sin embargo, el desenlace resultó inevitable: en 1989, el Seminario de Estudios Sociales de Pamplona cesó definitivamente su actividad, poniendo fin a una trayectoria de tres décadas de docencia vinculada al Ministerio de Trabajo. Con su desaparición se cerraba una etapa pionera en la formación laboral navarra y se abría otra nueva, la de la enseñanza universitaria reglada de las Relaciones Laborales, plenamente integrada en la Universidad Pública de Navarra.

Por su parte, la dirección del Seminario, encabezada entonces por Jesús Viguri, mantuvo diversos contactos con la UPNA en un último intento de lograr su incorporación al sistema universitario.

El Seminario de Estudios Sociales de Pamplona se extinguió definitivamente en 1993, tras un breve periodo de inactividad y de gestiones infructuosas. Entretanto, la Universidad Pública de Navarra había iniciado ya su propio camino. En el curso académico 1989-1990 comenzó a impartir la Diplomatura en Graduado Social, cuya primera promoción concluyó sus estudios en 1992, apenas un año antes de la desaparición formal del Seminario. Con ello, se materializaba la plena sustitución institucional y académica del modelo anterior, asegurando la continuidad de la formación sociolaboral en un marco plenamente universitario.

Hoy, la documentación resultante del Seminario —unas seis cajas conservadas en el Archivo General de la UPNA— constituye el único testimonio material de esa transición, mientras que los expedientes académicos y actas de calificación se preservan en la Universidad de Zaragoza.

LA DIPLOMATURA EN RELACIONES LABORALES DE LA UPNA Y LA ALIANZA ESTRATÉGICA DE LA UNIVERSIDAD CON EL COLEGIO

El nacimiento de la Diplomatura en Relaciones Laborales en la Universidad Pública de Navarra, consolidó la plena integración de los estudios de Graduado Social en el ámbito universitario navarro, marcando el inicio de una nueva etapa formativa independiente.

El Real Decreto 1497/1987, de 27 de noviembre, atribuyó la competencia de los estudios de Relaciones Laborales a las universidades para, en ejercicio de su autonomía, redactar los planes de estudio a impartir en sus propios centros. Posteriormente, mediante el Real Decreto 1429/1990, de 26 de octubre, se estableció el título Universitario de «Diplomado en Relaciones Laborales» y se dictaron las directrices generales propias a las que habrían de quedar sujetos los planes de estudio conducentes a la obtención del mismo.

Como ya hemos adelantado, en 1989 se impartió el primer curso de Graduado Social, entre cuyos estudiantes estaba David Delgado Ramos, el decano actual del Colegio. La primera promoción terminó en el año 1992. Ese mismo año se firmó el Convenio entre la UPNA y el Colegio Oficial de Graduados Sociales de Navarra para la creación y funcionamiento de la Escuela de Práctica Laboral, así como para la colaboración mutua en otras actividades académicas profesionales. El año anterior comenzaron los estudios de la Licenciatura en Derecho. Así, durante tres años, Graduado Social fue la única titulación con contenido jurídico impartida en la UPNA. La gestión de la Diplomatura correspondió inicialmente a la Facultad de Ciencias Humanas y Sociales hasta la creación de la Facultad de Ciencias Jurídicas en el año 2007.

En la Diplomatura impartieron docencia profesores de los departamentos de Derecho, Economía, Psicología o Gestión de Empresa. En la impartición de estas enseñanzas han tenido una destacada participación algunos graduados sociales ejercientes, como el profesor González Cantalapiedra.

También, desde sus inicios, la Diplomatura contó con la participación como profesores de profesionales externos, provenientes de ámbitos como la abogacía, o la Inspección de Trabajo. Cabe mencionar por su implicación en la titulación la participación de los profesores Ángel Moreno, Valentín Velasco o Luis Pérez Capitán.

La Universidad Pública de Navarra también ha desempeñado un papel esencial en la formación continua de los graduados sociales, en estrecha colaboración con su Colegio profesional. Desde los primeros años de integración de estas enseñanzas en el ámbito universitario, ambas instituciones compartieron la convicción de que la preparación técnica debía completarse con una formación práctica y actualizada, capaz de responder a las exigencias de un entorno jurídico y laboral en constante transformación. En 2002 se firmó un nuevo Convenio de Colaboración entre el Colegio Oficial de Graduados Sociales de Navarra y la UPNA, del que nació la Escuela de Formación y Práctica Sociolaboral de Navarra, concebida como un instrumento para promover la actualización técnica, el perfeccionamiento profesional y el intercambio de experiencias entre la Universidad y el ejercicio profesional. En el seno de esta Escuela se

Jornada de directores de Relaciones Laborales y decanos de Graduados Sociales. UPNA. 1999. En el centro, Concha de Pablo Romero.

organizaron cursos de actualización legislativa en Derecho del Trabajo y Seguridad Social, así como múltiples ediciones del curso de Práctica Procesal Laboral, impartidas íntegramente por jueces y magistrados de lo Social, cuya participación contribuyó decisivamente al fortalecimiento del perfil técnico y procesal de los Graduados Sociales navarros.

El origen de este modelo de colaboración se remonta, sin embargo, a 1991, año en que un primer convenio entre el Colegio Oficial de Graduados Sociales de Navarra y la Universidad Pública de Navarra sentó las bases para la creación de la Escuela de Práctica Laboral (EPL). Este proyecto, concebido inicialmente bajo la denominación de Escuela de Relaciones Industriales y de Práctica Laboral, aspiraba a dotar de continuidad práctica y especialización a la formación universitaria. Aunque la EPL carecía de personalidad jurídica propia, quedó adscrita orgánicamente a la Facultad de Ciencias Humanas y Sociales de la UPNA, funcionando en régimen de cooperación institucional con el Colegio Oficial de Graduados Sociales. Su finalidad principal era proporcionar formación operativa y práctica a los titulados en Relaciones Laborales y Graduados Sociales, así como responder a las exigencias de actualización permanente en un ámbito profesional sometido a constante evolución normativa.

La estructura de gobierno de la Escuela se articulaba en torno a un director y un subdirector. El cargo de director era designado por el rector de la Universidad, previa aprobación del Colegio, y recayó en el catedrático Jorge Nieto Vázquez, según la Resolución n.º 571/92, de 30 de octubre. El subdirector era nombrado por el Colegio, también con la aprobación del rector, entre sus colegiados ejercientes; el primer titular fue Pedro M.ª Úcar Ayerra, acompañado por Concha de Pablo Romero como secretaria general.

El Colegio Oficial de Graduados Sociales se comprometió a impartir clases prácticas mediante sus colegiados o profesionales especializados, así como a abrir sus actividades –conferencias, seminarios y cursos– a los alumnos de la Diplomatura universitaria. Por su parte, la UPNA asumió el compromiso de consultar al Colegio antes de modificar los planes de estudio y de reservar las enseñanzas prácticas para su organización conjunta, garantizando así una auténtica integración entre la docencia académica y la realidad profesional.

El programa de actividades del curso 1992-1993, diseñado por la Escuela de Práctica Laboral, evidenció desde el principio su vocación aplicada y su orientación hacia la mejora continua de la cualificación profesional. Los cursos estaban dirigidos tanto a graduados sociales colegiados y ejercientes como a alumnos de la Diplomatura universitaria, y abordaban los temas más relevantes del ámbito sociolaboral. Durante ese curso académico, la programación de la Escuela de Práctica Laboral reflejó con claridad su orientación hacia la formación aplicada y el perfeccionamiento profesional. Las actividades organizadas respondían al doble propósito de ofrecer a los graduados sociales colegiados y ejercientes una vía eficaz para la actualización de sus conocimientos; y de acercar a los estudiantes de la Diplomatura a la realidad cotidiana del ejercicio profesional.

Entre las propuestas más ambiciosas destacó el Curso de Derecho y Ayudas Comunitarias, de 200 horas lectivas, subvencionado por el INEM y el Fondo Social Europeo.

VI Semana Laboral de la Escuela de Formación y Práctica Socio-laboral de Navarra. UPNA. 2004.

Orla de la I Promoción
1989-1992 de Graduados
Sociales de la
Universidad Pública de
Navarra.

Este curso, gratuito para los participantes y con un número limitado de plazas –quince en total–, abordaba temas de gran actualidad en el contexto de la integración europea. En sus sesiones se estudiaban el proceso de construcción comunitaria, el ordenamiento jurídico de la Unión Europea y las libertades fundamentales reconocidas en los Tratados, con especial atención a la libre circulación de trabajadores. Se trataba de una iniciativa pionera en Navarra, que situaba a los graduados sociales en sintonía con los cambios normativos y económicos que acompañaban la progresiva europeización del Derecho laboral.

Junto a este programa, se ofrecieron dos cursos prácticos que incidían directamente en los aspectos operativos del ejercicio profesional. El Curso Práctico de Derecho del Tra-

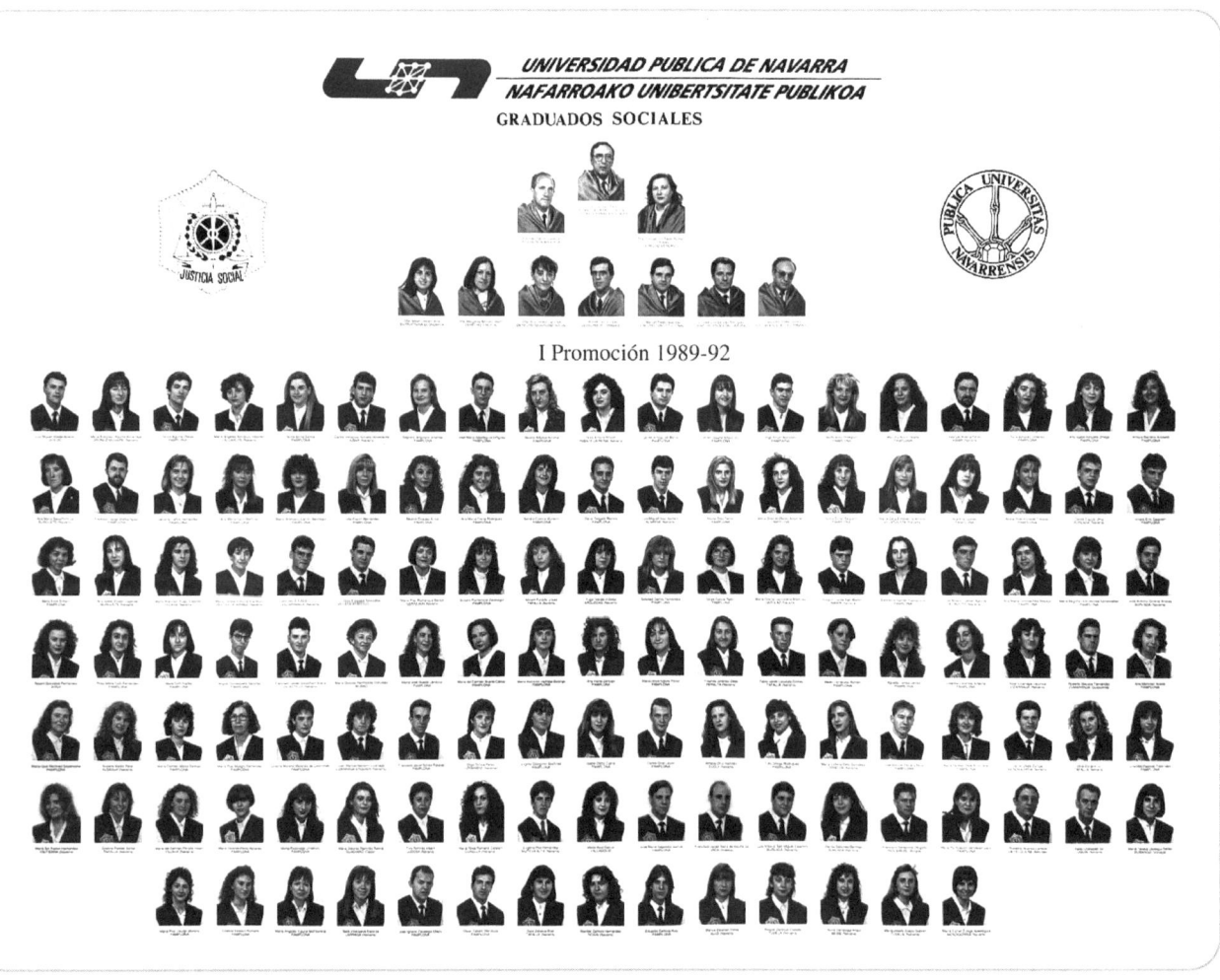

bajo, de 40 horas de duración, estaba orientado a diplomados y colegiados, y tenía por objeto proporcionar destrezas concretas en la gestión laboral diaria: desde la inscripción de empresas ante los organismos competentes y la aplicación de las modalidades contractuales vigentes, hasta la confección de nóminas y finiquitos o la actuación ante la Inspección de Trabajo. En paralelo, el Curso Práctico de Seguridad Social, también de 40 horas, abordaba de manera sistemática los regímenes general y especiales, la cotización y recaudación de cuotas, así como el análisis detallado de las prestaciones más relevantes del sistema, entre las que se contaban la asistencia sanitaria, la incapacidad, la jubilación o el desempleo, entre otros. Ambos cursos, con un coste

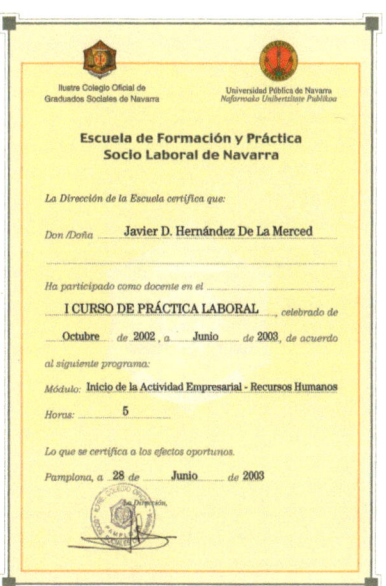

Diploma de la Escuela de Formación y Práctica Socio-laboral de Navarra, 2003.

Diploma de Graduado Social Diplomado de la primera promoción de la UPNA, de David Delgado Ramos.

Graduación de la
Diplomatura de
Graduados Sociales de
la promoción de 2008.

de 50.000 pesetas por matrícula, ofrecían una formación intensiva, directamente aplicable al desempeño profesional.

Finalmente, la Escuela impulsó el Curso de Prácticas para los Alumnos de la Diplomatura en Graduado Social, con una duración de 70 horas. Concebido como alternativa al trabajo de fin de carrera, este programa tenía un objetivo eminentemente formativo: acercar al alumnado a los problemas reales del mundo laboral y a las técnicas prácticas de resolución. Su contenido se distribuía entre las principales áreas de conocimiento de la titulación –Derecho del Trabajo, Seguridad Social, Derecho Sindical, Procedimiento Laboral y Gestión de Recursos Humanos–, garantizando así una formación integral y aplicada.

A través de esta programación, la Escuela de Práctica Laboral logró articular un espacio de encuentro entre la teoría universitaria y la práctica profesional, fortaleciendo

Graduación de la
Diplomatura de
Graduados Sociales de
la promoción de 2007.

el vínculo entre la Universidad Pública de Navarra y el Colegio Oficial de Graduados Sociales. La iniciativa enriqueció la formación de los estudiantes y colegiados, y contribuyó a consolidar una comunidad profesional cohesionada, con una clara vocación de servicio y de mejora continua.

El proceso de integración académica culminó con la primera promoción de graduados sociales formados íntegramente en la Universidad Pública de Navarra, que celebró su acto de diplomatura en el Aula Magna de la UPNA, con un total de 180 egresados. Esta promoción, que inició sus estudios en el edificio de El Sario, completó un plan de estudios renovado conforme a la Ley de Reforma Universitaria, con una estructura más exigente y una orientación plenamente adaptada al entorno laboral contemporáneo.

Durante la ceremonia, el rector Juan García Blasco subrayó que la Universidad había ofrecido una formación técnica de calidad, y una capacidad crítica y una actitud ética indispensables para el ejercicio profesional. Una característica destacada de esta promoción fue la predominancia femenina entre sus integrantes, reflejo del cambio sociológico que transformaba progresivamente las profesiones jurídicas y sociales.

Los nuevos graduados sociales se incorporaron a un mercado laboral diversificado, desempeñando funciones en departamentos de personal y asesorías privadas, en la Admi-

nistración pública (Ministerio de Trabajo, INEM) o como profesionales liberales, habilitados por la Ley de Procedimiento Laboral para representar a los trabajadores ante los Juzgados de lo Social. En su intervención, el presidente del Colegio, Francisco Javier Duque Alonso, animó a los recién titulados a continuar su especialización en la Escuela de Práctica Laboral, recordándoles que comenzaba «el momento de la verdad y de la responsabilidad profesional».

EL CAMINO HACIA LA IMPLANTACIÓN DEL GRADO EN RELACIONES LABORALES Y RECURSOS HUMANOS EN LA UPNA

L a implantación del Espacio Europeo de Educación Superior (EEES) obligó a las universidades a realizar un trabajo extraordinario para adaptar los estudios universitarios a las exigencias del EEES. Se pretendía, por un lado, disponer de un sistema de medida de la actividad académica uniforme (el denominado crédito ECTS) y, por otro lado, se pretendía adaptar las enseñanzas con el fin de formar en competencias y no solo en conocimientos.

Los primeros pasos para la homogeneización de las titulaciones universitarias de acuerdo con estos grandes principios tuvieron lugar con la aprobación del Real Decreto 1044/2003, de 1 de agosto, por el que se estableció el procedimiento para la expedición por las universidades del Suplemento Europeo al Título y el Real Decreto 1125/2003, de 5 de agosto, por el que se estableció el sistema europeo de créditos y el sistema de calificaciones en las titulaciones de carácter oficial, de validez en todo el territorio nacional.

El impulso definitivo para la armonización de las enseñanzas universitarias en España tuvo lugar con la aprobación de la Ley Orgánica 4/2007, de 12 de abril, que en su Título VI estableció la estructura de las enseñanzas y títulos universitarios oficiales. El Real Decreto 1393/2007, de 29 de octubre profundizó en las previsiones de esta Ley, con el fin de adaptar la estructura de las enseñanzas universitarias al EEES, y de propiciar un cambio metodológico e impulsar el aprendizaje basado en competencias.

El citado Real Decreto no contenía más previsiones en lo relativo a los planes de estudio y dejaba en manos de las universidades la concreción de los contenidos, competencias, sistemas de evaluación, etc. Preveía, no obstante, un sistema de verificación y acreditación al que debían someterse los planes de estudio de cada universidad. Esta labor de evaluación y verificación de la adecuación de los planes de estudio a las directrices del Real Decreto se encomendaba a la ANECA.

Se echaba en falta, por parte de las universidades, una mayor precisión de los contenidos mínimos que los títulos debían incorporar para conseguir la acreditación de la ANECA; causaba cierta incertidumbre la parquedad del Real Decreto en la precisión de los mínimos que debían cumplir los planes de estudio. Con el fin de paliar de alguna manera esta indeterminación y de ayudar a las universidades en su elaboración, la propia ANECA elaboró los denominados Libros Blancos de algunas titulaciones, en las que *grosso modo* se recogían los contenidos esenciales y competencias de trabajo aconsejables para cada título. Los documentos finales para los grados en Derecho y Relaciones Laborales y Recursos Humanos se hicieron públicos en junio de 2005 y ambos sirvieron de base para la elaboración de los planes de estudio respectivos de la Universidad Pública de Navarra.

El paso definitivo que marcó el inicio del procedimiento de elaboración de los nuevos planes de estudio tuvo lugar, tras la aprobación del Real Decreto 1393/2007, de 29 de octubre, sobre ordenación de las enseñanzas universitarias oficiales, con la aprobación del Consejo de Gobierno de la Universidad Pública de Navarra de las directrices generales para el diseño, elaboración e implantación de enseñanzas de Grado. Mediante estas directrices se concretaban para el ámbito de la Universidad Pública de Navarra algunas cuestiones relativas a la estructura de los grados.

Una vez adoptadas estas directrices generales, era el momento de decidir el mapa de titulaciones más adecuado a las caracte-

Estudiantes de la promoción de 2016 de Relaciones Laborales y Recursos Humanos entonando el *Gaudeamus igitur*, en la ceremonia de su graduación.

rísticas del entorno económico y social. Para ello se abrió en la Universidad un foro de reflexión en el que participaron, además de estudiantes y profesores representantes del tejido empresarial y social de la Comunidad. El objetivo era realizar una radiografía de las necesidades formativas de Navarra con el fin de decidir la oferta académica de la Universidad. No hubo dudas sobre la conveniencia de continuar con la impartición de la titulación en Derecho y reconvertir la antigua Diplomatura en Relaciones Laborales en el nuevo grado en Relaciones Laborales y Recursos Humanos.

Teniendo en cuenta las conclusiones del Foro se procedió a elaborar los planes de estudio de ambas titulaciones. Para ello se constituyó un Grupo de Trabajo por cada titulación. El objetivo era conformar grupos de trabajo en los que estuvieran representados todos los estamentos de la Universidad –profesores, estudiantes, miembros del personal de administración y servicios–, y también agentes externos a la Universidad.

Tal y como se apuntaba anteriormente, las primeras acciones para la adaptación de las titulaciones de la Universidad Pública de Navarra al EEES se enmarcaron en el plan de Renovación Docente aprobado en 2005. Desde su puesta en marcha, el profesorado de la Diplomatura en Relaciones Laborales participó activamente en los planes piloto y en los planes de formación en nuevas metodologías. A instancias del decanato, bajo la dirección de la profesora Margarita Apilluelo Marín, todos los profesores de primer curso decidieron concurrir a la convocatoria de ayudas con el fin de adaptar todas las asignaturas a las exigencias derivadas del EEES.

Graduación de estudiantes de Relaciones Laborales y Recursos Humanos de la promoción de 2017.

Por Resolución 714/2005, de 22 de junio, del Rector de la Universidad Pública de Navarra se adjudicó una subvención para la realización del citado proyecto de 5000 euros.

El proyecto de adaptación perseguía un conjunto de objetivos orientados a modernizar y armonizar la enseñanza con los nuevos criterios del Espacio Europeo de Educación Superior. En primer lugar, se trataba de definir con precisión las competencias propias de la titulación y de establecer una metodología coherente para su desarrollo a lo largo del plan de estudios. Asimismo, se buscaba reforzar la vertiente práctica y aplicada de las asignaturas, promoviendo el trabajo dirigido y tutorizado por parte del profesorado como herramienta fundamental de aprendizaje. Otro de los propósitos esenciales era implantar sistemas de evaluación basados en competencias, capaces de valorar el progreso del estudiante de manera continua durante el curso, más allá de las pruebas finales tradicionales. En paralelo, se pretendía cuantificar de forma rigurosa el trabajo del alumnado, ajustando la carga lectiva real a los créditos asignados. Finalmente, el proyecto contemplaba la revisión y precisión de los programas de las asignaturas, incorporando en ellos un plan detallado de actividades y un cómputo equilibrado del trabajo tanto del profesor como del estudiante, con el fin de garantizar una docencia más estructurada, participativa y eficiente.

Junta de Centro de la Facultad de Ciencias Jurídicas. 2017.

El resultado más destacable del proyecto fue la unificación de los contenidos de las guías docentes de cada asignatura y la incorporación a las mismas de las competencias recomendadas en el *Libro Blanco* de la titulación y de metodologías docentes que permitieran su desarrollo.

En junio de 2008, se constituyó el «Grupo de Trabajo de la Titulación de Relaciones Laborales», de acuerdo con lo previsto en el Acuerdo sobre las Directrices generales para el diseño, elaboración e implantación de las enseñanzas de Grado en la Universidad Pública de Navarra, adoptado por el Consejo de Gobierno el 23 de junio de 2008, en el que se preveía la creación de un conjunto de Comisiones de Rama de Conocimiento y de Grupos de Trabajo de las Titulaciones.

Como profesionales externos se designó a un miembro de la Judicatura, en concreto, al presidente de la Sala de lo Social del Tribunal Superior de Justicia de la Comunidad Foral de Navarra, y a un representante del Colegio Oficial de Graduados Sociales de Navarra, en concreto, a su vicepresidente y codirector de la Escuela de Formación y Práctica Socio laboral de Navarra, y al secretario del Consejo General de los Colegios Oficiales de Graduados Sociales de España.

Este Grupo, liderado por el profesor Goñi Sein en su calidad de vicedecano, y con la destacada participación de la profesora Rodríguez Sanz de Galdeano como responsable adjunta, comenzó sus sesiones de trabajo en junio de 2008 y vio recompensado su trabajo en 2009, con la aprobación por la ANECA de la memoria del Grado en Relaciones Laborales y Recursos Humanos.

La implantación del Grado en Relaciones Laborales y Recursos Humanos respondió a una doble finalidad estrechamente vinculada con la evolución del ámbito laboral y las nuevas demandas formativas del entorno profesional. En primer lugar, se buscó que el estudiante adquiriera una comprensión global y profunda del fenómeno del trabajo, concebido como una realidad compleja, dinámica y transversal. Para ello, el plan de estudios integró de forma equilibrada las dimensiones jurídica, organizativa, psicológica, sociológica, histórica y económica que inciden en las relaciones laborales, favoreciendo una formación interdisciplinar. En segundo término, el objetivo fue capacitar al alumnado para aplicar de manera efectiva los conocimientos adquiridos en los distintos ámbitos de ejercicio profesional: asesoramiento laboral, gestión y dirección de personal, organización del trabajo, y mediación o gestión en el mercado laboral, tanto en el sector público como en el privado. De este modo, el nuevo Grado aspiraba a consolidar un perfil profesional versátil, competente y adaptado a las transformaciones del mundo del trabajo contemporáneo.

Un debate tradicionalmente mantenido en los foros de análisis de los estudios de Relaciones Laborales es el peso que se debía dar a los aspectos jurídico laborales, que tradicionalmente han centrado el grueso de la Diplomatura y que estuvieron en el origen de estos estudios, en relación con otros aspectos ligados a la gestión económica y de los recursos humanos en la empresa.

Lo cierto es que, en la antigua Diplomatura, de tres años de duración, se echaba en falta la posibilidad de profundizar en ciertos aspectos relacionados directamente con la administración y dirección de la empresa y con la gestión diaria de la misma. La limitación temporal de los estudios impedía formar a un profesional que pudiera combinar labores de asesoría jurídica en la empresa, con la dirección y gestión de equipos de personas, y el seguimiento contable y económico de la empresa.

Por otro lado, en el concreto ámbito de la Comunidad Foral se observaba que existía una verdadera necesidad de contar con un perfil profesional como el indicado. Gran parte del tejido empresarial navarro se sustenta en empresas de tamaño pequeño y mediano.

Este tipo de empresas demandaban un profesional polivalente y dinámico que resolviese las cuestiones prácticas que en todos los ámbitos, personal, económico y jurídico se plantean en el día a día de una empresa.

La ampliación en un año de los estudios permitió abordar este ambicioso objetivo sin necesidad de reabrir el debate sobre los pesos de cada una de las materias y, muy en particular de las jurídicas, en relación con otras de carácter empresarial. En el nuevo título, las cuestiones jurídicas y, en concreto, las laborales se examinan hasta sus últimos extremos y se amplía la formación en cuestiones de gestión empresarial y económica.

El resultado que finalmente se consiguió fue un Grado de formación generalista en todos los aspectos relacionados con el trabajo. Esta formación generalista se imparte

fundamentalmente en los módulos de formación básica y obligatoria, que se imparten durante los seis primeros semestres.

Completaron el diseño del plan de estudios, dos itinerarios de optatividad, uno de asesoría jurídica de empresas y otro de gestión de recursos humanos.

Con la oferta de estos dos itinerarios se pretendió, por un lado, completar la formación teórica en aspectos de carácter muy específico relacionados con la gestión empresarial y con la asesoría de empresas y, por otro lado, potenciar la enseñanza práctica y permitir la puesta en práctica de los conocimientos teóricos adquiridos a lo largo de la carrera. A esta formación práctica contribuyeron también la elaboración del trabajo fin de grado y el desarrollo de las prácticas profesionales.

LOS ESTUDIOS EN LA ACTUALIDAD: BALANCE Y PERSPECTIVAS

El actual Grado en Relaciones Laborales y Recursos Humanos impartido por la UPNA se trata de una titulación de grado consistente en 240 ECTS, a cursar a lo largo de cuatro años. Se imparte en un único grupo conformado por 60 estudiantes y presenta unas notas de corte inicial en creciente aumento anual, habiéndose alcanzado en la última edición la puntuación de 8,66 en la primera lista de admitidos. Conviene destacar el creciente aumento en la demanda de estos estudios por el estudiantado de nuevo ingreso, como se demuestra con el hecho de que cada año se estén superando los umbrales precedentes en número de solicitudes de matrícula y, especialmente, el número de quienes lo hacen en primera opción, cubriendo con este colectivo la casi totalidad de las 60 plazas ofertadas.

Se trata de un grado multidisciplinar que lo convierte en único respecto al perfil formativo y de capacitación de sus estudiantes. El perfil formativo interdisciplinar del grado convierte a su estudiantado en futuros profesionales con conocimientos en gestión jurídico laboral y personas con una perspectiva completa en las relaciones laborales. A lo largo de sus cuatro años, el estudiantado recibe formación en áreas diversas como la Psicología, Sociología, Gestión de empresas, Economía, Historia y Derecho. El último de los años el estudiantado puede elegir especializar su currículo formativo eligiendo uno de los dos itinerarios académicos que se les ofrecen sobre «Asesoría laboral de empresas» o «Dirección de Recursos Humanos», debiendo entonces cursar un mínimo de 36 ECTS sobre materias específicas alineadas con cada mención, así como 12 ECTS de prácticas obligatorias en concordancia con la especialidad elegida.

Las asignaturas son impartidas por profesorado interno y externo de la más alta cualificación, entre los que se encuentran profesionales provenientes de la Judicatura, Inspección de Trabajo y la Seguridad Social, Tribunal Laboral de Navarra, asesorías laborales

Graduación de estudiantes de Relaciones Laborales y Recursos Humanos de la promoción de 2025.

Alumnado de primer curso del grado en Relaciones Laborales y Recursos Humanos. 2025.

y empresas. Colaboran activamente con distintas actividades académicas del Grado tanto el Ilustre Colegio Oficial de Graduados Sociales de Navarra como la Asociación Española de Dirección y Desarrollo de Personas (AEDIPE).

Para concluir sus estudios, el estudiantado del Grado en Relaciones Laborales y Recursos Humanos debe superar unas prácticas curriculares obligatorias consistentes en 250 horas de prácticas en empresas o despachos, para lo que la UPNA dispone de un catálogo de destinos que aglutina desde empresas familiares y locales de pequeñas dimensiones a la mayoría de grandes empresas del tejido comercial navarro e internacional con presencia en Navarra. El estudiante egresado del Grado se muestra como un capital

Aula de práctica jurídica.

humano de gran valor para nuestras empresas, como se constata con los altos índices de contrataciones laborales tras la finalización de los períodos de prácticas.

Si se atiende a los índices de inserción laboral, conforme a los últimos registros de la UPNA obtenidos en el año 2022, el 89,66 % de las personas egresadas del Grado en Relaciones Laborales y Recursos Humanos se encuentra trabajando después haber cursado estos estudios, habiendo alcanzado la mayoría de este colectivo el trabajo en un período inferior a 6 meses. Respecto al tipo de contratación, prima la contratación indefinida y, eminentemente, en empresas de más de 250 trabajadores.

En relación a la satisfacción del estudiantado egresado con el Grado, el 55 % de las personas egresadas se encuentra «Bastante satisfecho/a» con los estudios cursados y el 45 % «Muy satisfecho/a».

EL COLEGIO DE GRADUADOS SOCIALES, RELACIONES LABORALES Y RECURSOS HUMANOS DE NAVARRA

La historia del Ilustre Colegio de Graduados Sociales, Relaciones Laborales y Recursos Humanos de Navarra constituye un testimonio ejemplar de compromiso profesional, autonomía institucional y vocación de servicio público. Su creación y consolidación reflejan el proceso de maduración de una profesión que, desde sus orígenes, ha estado vinculada al desarrollo de la justicia social, la asesoría laboral y la modernización del sistema de relaciones de trabajo en Navarra.

Como ya hemos señalado, la fecha del 15 de octubre de 1973 marcó la trayectoria de los Graduados Sociales en Navarra. Hasta ese momento, los profesionales navarros se encontraban integrados en la demarcación territorial del Colegio Oficial de Graduados Sociales del Ebro, con sede en Zaragoza, creado en 1956. Sin embargo, el deseo de autonomía y la voluntad de dotar a Navarra de una estructura colegial propia motivaron la iniciativa de un grupo de Graduados Sociales comprometidos con la independencia y el fortalecimiento de la profesión en el ámbito foral.

El contexto institucional resultaba propicio. La Orden de 12 de enero de 1973, que descentralizaba la organización corporativa nacional, inició un proceso de segregación que culminó con la Orden de 15 de octubre de 1974, por la que se dispuso formalmente la creación del Colegio Oficial de Graduados Sociales de Navarra. Esta decisión supuso disponer de una entidad propia que representara los intereses de la profesión en Navarra, adaptada a su realidad social, administrativa y jurídica.

Los verdaderos artífices de la constitución y consolidación del Colegio en sus primeros años fueron Antonio J. Ruiz Pérez y Javier Hernández de la Merced, quienes ejercieron

Sede del Colegio.

las presidencias entre 1973 y 1978, y 1978 y 1982, respectivamente. Ambos encarnaron el espíritu de iniciativa y compromiso que caracterizó la etapa fundacional.

A lo largo de las décadas, y gracias al esfuerzo continuado de las sucesivas juntas de gobierno, el Colegio de Graduados Sociales de Navarra ha experimentado un crecimiento sostenido que le ha permitido consolidarse como una institución de referencia en el ámbito profesional. En la actualidad, cuenta con cerca de cuatrocientos colegiados, que constituyen el núcleo activo de la profesión en la Comunidad Foral. Este desarrollo cuantitativo ha ido acompañado de un proceso paralelo de fortalecimiento institucional, reflejado tanto en el incremento de su reconocimiento social como en su consolidación jurídica y procesal, situando a la profesión en un nivel de prestigio y proyección inimaginable en sus primeros años de existencia. Más allá de los avances normativos o de gestión, el valor esencial del Colegio radica en su vocación de servicio público y profesional, orientada al fortalecimiento de la justicia social y la calidad de las relaciones laborales. Esa vocación se materializa hoy en su sede institucional, ubicada en la calle Arrieta, nº 29, de Pamplona, inaugurada el 10 de noviembre de 1997 en un acto presidido por el entonces presidente del Gobierno de Navarra, Miguel Sanz, símbolo del reconocimiento institucional alcanzado por la corporación.

Tras la incorporación de Roberto Moreno Lamarca al ejercicio profesional y siendo él mismo Presidente del Colegio, se materializó la actuación ante las Magistraturas de Trabajo, ataviados con la preceptiva toga y en representación de la parte correspondiente (empresa o trabajador/a). Posteriormente otro logro relevante alcanzado por el colectivo de Graduados Sociales en el año 2010, en este caso bajo la presidencia de Pedro Úcar Ayerra, fue la habilitación de firma del Recurso de Suplicación, lo que consolidó la equi-

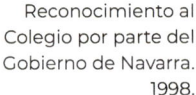

Reconocimiento al Colegio por parte del Gobierno de Navarra. 1998.

paración procesal de los graduados sociales con la abogacía. Úcar desempeñó un papel fundamental en la consecución de este anhelado objetivo. No obstante, en este ámbito, la profesión continúa afrontando desafíos pendientes, entre ellos la habilitación para la firma del recurso de casación y el acceso a la Justicia Gratuita, dos reivindicaciones que siguen siendo objeto de defensa por parte del Colegio.

El actual decano, David Delgado Ramos, ha sido reelegido de forma consecutiva para varios mandatos, ejerciendo su liderazgo con una visión de continuidad institucional y proyección de futuro. Su mandato vigente (2025-2029) refleja la confianza depositada por la colegiatura en un proyecto de consolidación profesional y compromiso ético con la sociedad navarra.

Desde su creación, la actuación del Colegio se ha orientado a la dignificación y fortalecimiento de la profesión, impulsando una formación continua y rigurosa para sus colegiados. En este sentido, ofrece cursos y jornadas de actualización en materias como el Derecho del Trabajo, la Seguridad Social, la Extranjería o el Derecho Procesal Laboral, con el objetivo de garantizar la constante adecuación del ejercicio profesional a los cambios normativos y sociales.

Una de las líneas prioritarias de actuación ha sido la lucha contra el intrusismo profesional, entendida no solo como defensa de las competencias exclusivas de los graduados sociales, sino también como una reivindicación del papel esencial que desempeñan en la construcción de una justicia social efectiva. El Colegio ha mantenido históricamente una postura firme y activa en este ámbito, reforzando la identidad profesional de sus miembros y asegurando el cumplimiento de los principios deontológicos que rigen su ejercicio.

Entre las numerosas actividades impulsadas por el Colegio de Graduados Sociales de Navarra, destacan especialmente las Jornadas Laboralistas, convertidas con el paso del tiempo en un referente indiscutible del ámbito jurídico-laboral navarro. Estas jornadas constituyen un foro de encuentro, debate y actualización profesional, en el que se analizan los principales temas de actualidad del Derecho del Trabajo y de la Seguridad Social, contando con la participación de ponentes de reconocido prestigio procedentes del ámbito académico, judicial y profesional. A este espacio de reflexión se suma la tradicional Comida de Hermandad, concebida como

Cartel de las Jornadas Técnicas de Derecho del Trabajo y Seguridad Social, celebradas con motivo del XXV Aniversario del Colegio Oficial de Graduados Sociales de Navarra. 1999.

un momento de convivencia y camaradería que refuerza los lazos institucionales y personales entre los distintos actores del mundo jurídico y laboral. Asimismo, el Colegio se ha distinguido por su compromiso con la cohesión interna y el diálogo entre sus miembros, fomentando una comunidad profesional abierta y participativa. Iniciativas como los «Desayunos de trabajo» se han consolidado como espacios de intercambio y debate, en los que los colegiados comparten experiencias, analizan la evolución del marco normativo y fortalecen los vínculos de cooperación profesional y humana que sostienen la vida colegial.

En el plano externo, el Colegio mantiene una estrecha colaboración con la Administración Pública de Navarra, y también con organismos como la Inspección de Trabajo, la Tesorería General de la Seguridad Social (TGSS), el Instituto Nacional de la Seguridad Social (INSS), el Servicio Público de Empleo Estatal (SEPE), Extranjería y la Autoridad Laboral. Esta relación institucional, fluida y permanente, garantiza la coherencia en los criterios de actuación y fortalece la interlocución entre la Administración y los profesionales del ámbito socio-laboral.

Placa en reconocimiento del XXV Aniversario del Colegio Oficial de Graduados Sociales de Navarra entregada por el Excmo. Consejo General de Colegios Oficiales de Graduados Sociales. 1999.

Diploma otorgado por el Excelentísimo Consejo General de Colegios Oficiales de Graduados Sociales al Ilustrísimo Colegio Oficial de Graduados Sociales de Navarra en reconocimiento al mérito social a la defensa de la profesión, por el gran esfuerzo y excelente trabajo realizado durante la pandemia. 2022.

Y, por supuesto, uno de los pilares más relevantes de la proyección del Colegio ha sido su colaboración con la Universidad Pública de Navarra, institución que forma a la práctica totalidad de los futuros Graduados Sociales de Navarra. Fruto de esta relación, en 2002 se creó la Escuela de Formación y Práctica Sociolaboral de Navarra, mediante un Convenio de Colaboración con la Universidad. Esta iniciativa ofrecía una actualización profesional continua a los colegiados en ejercicio y facilitaba la inserción laboral de los egresados universitarios. En el marco de la Escuela se han desarrollado múltiples cursos de especialización, así como varias ediciones de Práctica Procesal Laboral, impartidas íntegramente por jueces y magistrados de lo Social, lo que ha contribuido decisivamente a la cualificación técnica de la profesión.

Placa en reconocimiento del 50 Aniversario del Colegio Oficial de Graduados Sociales, Relaciones Laborales y Recursos Humanos de Navarra entregada por el Excmo. Colegio Oficial de Graduados Sociales de Madrid. 2023.

Anteriores presidentes del Colegio: Pedro Mª Úcar Ayerra, Roberto Moreno Lamarca y Javier Duque Alonso.

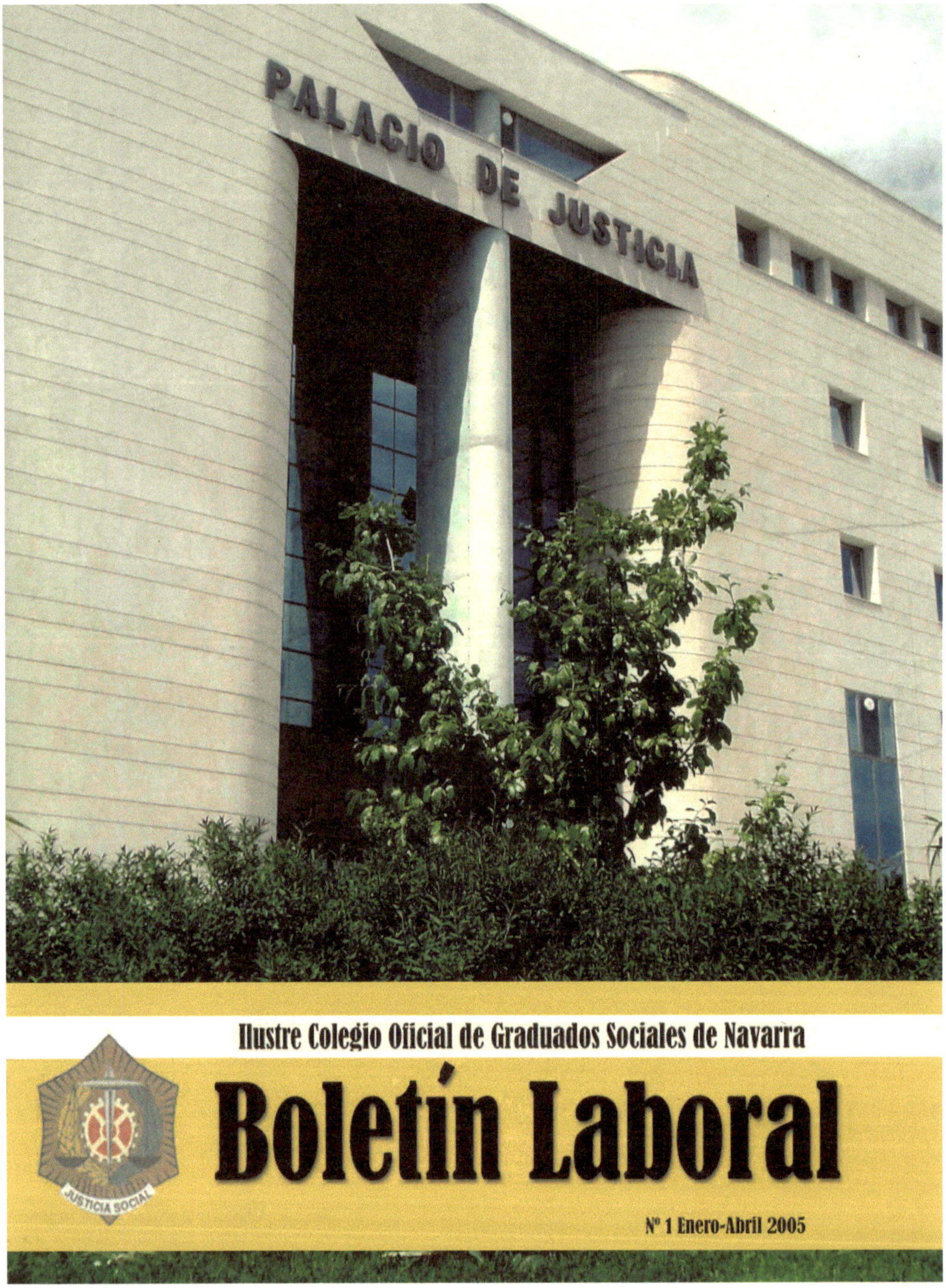

Portada del número 1 del Boletín Laboral, editado por el Ilustre Colegio Oficial de Graduados Sociales de Navarra, enero-abril 2005.

Mercedes Langarica Romero.

Sede del Colegio.

Apertura de la Jornada Laboralista y Centenario de la profesión. Eva Torrecilla, Ramón Gonzalo y David Delgado. 7 de noviembre de 2025.

Mesa redonda sobre los 100 años de la profesión de Graduado Social. José Luis Goñi, Beatriz Rodríguez, Roldán Jimeno, Javier Duque, Roberto Moreno y David Delgado.

Clausura de la Jornada Laboralista y Centenario de la profesión. David Delgado, Eva Torrecilla e Íñigo de La Peña. 7 de noviembre de 2025.

En este recorrido, es justo reconocer la labor de quienes han ejercido la presidencia y la dirección colegial, contribuyendo con su dedicación y liderazgo a fortalecer la institución:

Ilmo. D. Antonio J. Ruiz Pérez (1973-1978), Fundador

Ilmo. D. Javier David Hernández de la Merced (1978-1982), Fundador

Ilmo. D. Pedro M.ª Úcar Ayerra (1982-1986; 2009-2011)

Ilmo. D. Roberto Moreno Lamarca (1986-1990; 1998-2002)

Ilmo. D. Francisco Javier Duque Alonso (1990-1994)

Ilmo. D. Francisco Javier Sagüés Sala (1994-1998)

Ilmo. D. Javier Zabaleta Bueno (2002-2006; 2008-2009)

Ilmo. D. Santiago López Mendoza (2006-2008)

Ilmo. D. Francisco Javier Plágaro Aróstegui (2011-2016)

Ilmo. D. David Delgado Ramos (2016-2029, actual decano).

Gracias al esfuerzo y la dedicación de estos dirigentes, así como de todos los colegiados que han contribuido con su trabajo, su tiempo y su ilusión, el Colegio ha alcanzado un nivel de reconocimiento que trasciende lo puramente profesional.

En la actualidad, el Colegio de Graduados Sociales, Relaciones Laborales y Recursos Humanos de Navarra se ha consolidado como un agente activo en la defensa de los derechos laborales, la promoción del diálogo institucional y la mejora continua del entramado jurídico y social de la Comunidad Foral. Su papel trasciende el ámbito estrictamente profesional, situándose como un interlocutor cualificado en las cuestiones que afectan al mundo del trabajo y a las relaciones laborales en Navarra. Al cumplirse más de medio siglo desde su fundación, el Colegio es hoy una institución sólida, moderna y plenamente integrada en la sociedad, cuya trayectoria refleja una evolución fiel a los principios que guiaron su origen: el compromiso ético, la excelencia técnica y la vocación de servicio público. Cincuenta años después de aquel 15 de octubre de 1973, el espíritu fundacional permanece vivo. La institución sigue orientando su labor al servicio de la sociedad, mediante el conocimiento, la mediación y el compromiso ético, consolidando su posición como garante del rigor técnico, la independencia profesional y la justicia social en Navarra.

Exposición «Historia de los Graduados Sociales en Navarra», con motivo de la Jornada Laboralista y Centenario de la profesión.

BIBLIOGRAFÍA

Dios Durán, José Manuel, *El Graduado Social. Orígenes y legitimación de sus funciones profesionales*, Sevilla: edición del autor, 2003.

Fernández Domínguez, Juan José, *Graduados sociales y jurisdicción social: historia de una relación compleja e inacabada*, Cizur Menor: Thomson Reuters Aranzadi, 2019.

Galán García, Agustín (ed.), *La enseñanza de las relaciones laborales en España*, Huelva: Universidad de Huelva, 1998.

García Irigaray, Olivia, «Las escuelas universitarias navarras custodiadas en el Archivo de la Universidad Pública de Navarra», en *50 años. Ley General de Educación. Las bases de la modernización educativa de Navarra*, Pamplona: Archivo Contemporáneo de Navarra, 2020.

Vilches Plaza, Carlos y Andradas Asurmendi, José Manuel, «Del Seminario de Estudios Sociales de Pamplona a la Escuela Universitaria de Graduados Sociales (Pamplona 1959-1993)», *Las antiguas escuelas universitarias de Navarra y su transición a la UPNA*, Pamplona: Universidad Pública de Navarra, 2026 (en prensa).

Reconocimiento del Colegio al profesor Valentín Velasco, fallecido en 2025. David Delgado y Concha Guijarro, viuda de Velasco.

Graduación de estudiantes de Relaciones Laborales y Recursos Humanos de la promoción de 2025.

Universidad Pública de Navarra
Nafarroako Unibertsitate Publikoa

Ilustre Colegio Oficial de Graduados Sociales,
Relaciones Laborales y Recursos Humanos de **Navarra**
Nafarroako Lan Harremanen eta Giza Baliabideen
Gizarte Graduatuen Elkargo Ofiziala

CONSTRUYENDO
EL FUTURO DE LAS
RELACIONES LABORALES

AURKIBIDEA

ELKARGO BIHURTZEKO BIDEAREN HASTAPENAK
(Mendeurrena dela-eta egindako aurkezpena)

Gizarte-graduatu lanbidearen 2025. urteko mendeurreneko ospakizuna aukera aproposa da Lanaren Zuzenbidea eta gizarte-politikak sendotzen modu erabakigarrian lagundu duen figura profesional baten hastapenei buruzko gogoeta egiteko. Lanbide honen historiak 1925ean errotuta ditu sustraiak, izan ere, Lan Ministerioak orduan bultzatu zuen lehen gizarte-eskolen sorrera. Erakunde horiek gizarte-kulturari buruzko prestakuntza eman eta hura zabaltzeko tresna gisa sortu ziren, eta hurrengo hamarkadetan, etorkizuneko gizarte-graduatuaren profil teknikoa eta giza-profila definituko zituzten.

Primo de Riveraren diktadurako Eduardo Aunós Pérez Lan ministroaren bultzadari esker sortu ziren eskola haiek, Estatuari gizarte- eta lan-hezkuntza sustatzeko bide instituzionala ireki nahi izan baitzion. 1925eko abuztuaren 17ko Errege Lege-Dekretuaren bidez, zeina *Gaceta de Madrid* egunkarian hiru egun geroago argitaratu baitzen, Lan, Merkataritza eta Industria Ministerioaren «Kultura eta Gizarte Ekintzako Atala» zena «Gizarte Eskola» bihurtu zen. Horrela, klase apalen artean ekonomiari eta gizarte-gaiei buruzko oinarrizko ezagutzak zabaldu nahi ziren, eta, era berean, sektore intelektualei langile klaseen arazoez arduratzeko gonbita egiten zitzaien. Azken batean, gizarte-kultura berri bat zabaldu nahi zen, lan-arloko justiziarekiko kezka eta hura kudeatzeko behar zen prestakuntza teknikoa uztartzeko.

Lehenengo Gizarte Eskola hura zuzentzea erraza izan zen, baina Gizarte Kulturako Ataleko buruaren eskutan geldRitu zen, Ministerioaren Gizarte Kulturako Kontseiluaren ikuskaritzapean. Nahiz eta hastapenetan ezin zen oraindik erabat egituratutako irakaskuntza-sistema batez hitz egin, irakaskuntza Lan Ministerioko funtzionarioak prestatzera bideratu zen; izan ere, ikasketak amaitzean lortutako ziurtagiria lanbide sustapenerako lehentasunezko merezimendua zen haientzat. Ikasketa-plana hiru ikas-mailatan banatuta zegoen, eta gizarte-politikari, ekonomiari eta legeriari buruzko gaiak hartzen zituen, eta, Primo de Riveraren erregimenak ezarritako kontrol politiko zorrotza

Fabrikako
lana.

zela-eta, orientazio praktikoa zuen batez ere, propaganda politiko edo doktrinari loturiko oro debekatuz.

Gizarte-eskolen sorrerak gizarte erreformismoa instituzionalizatzeko logika zabalago baten bidea hartu zuen hurrengo urteetan, garai hartan erreformismoa langile-klasearen babesa eta ordena ekonomikoaren egonkortasuna uztartzeko ahaleginean ari baitzen. Estatuaren gizarte-politika gauzatzeko tresna gisa sortu ziren eskolak; arauak ezagutaraztea eta lan arloko lege berrien inguruko adostasuna sendotzea zen haien helburua. Aunós ministroak, gizarte eraldaketarako bitartekorik eraginkorrena hezkuntza zela sinetsita, «giza- eta gizarte-harremanen benetako harrobitzat» jotzen zituen ikastegi horiek, eta, justizia sozialarekin eta ondo egindako lanarekin konprometitutako teknikarien eta funtzionarioen belaunaldi berri bat prestatu nahi izan zuen haietan.

Eskolen garapen instituzionala azkarra izan zen. 1926an, ministro agindu batek modu zehatzagoan ezarri zituen eskura zitezkeen tituluak, eta Gizarte Eskolako Graduatu eta Gizarte Eskolako Goi Graduatu figurak sortu zituen, egindako ikasketa-urteen arabera. Hiru urte geroago, 1929ko irailaren 7ko Errege Lege Dekretuaren eta ondorengo beste xedapen batzuen bidez –1930eko urriaren 19ko Dekretua eta 1931ko urriaren 31ko Agindua– ikasketa-planak doitu zituzten, erreforma- eta finkatze prozesu jarraitu batean. Bultzada hori eskolen hedapen geografikoarekin batera gertatu zen: 1929an erakunde berriak baimendu ziren Katalunian eta Valentzian, eta pixkanaka-pixkanaka beste ekimen batzuk sortu ziren Estatuko hainbat puntutan, gizarte-irakaskuntza berri horrek pizten zuen interesa agerian utziz.

Lanaren Forua, 1938.

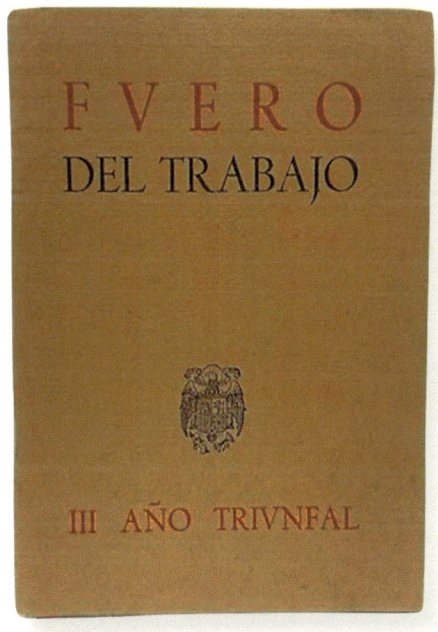

Telefonistak lanean.

Bigarren Errepublikan, gizarte eskolak hezkuntza-sistema orokorrean sartzeko aukera planteatu zen, Hezkuntza Publikoko eta Arte Ederretako Ministerioaren mende. 1933ko uztailaren 21eko Dekretu baten bidez gauzatu zen transferentzia hori, baina urte bereko urriaren 12ko beste Dekretu batek indarrik gabe utzi zuen, eta eskolak Lan Ministerioaren arlora itzuli ziren. Gorabehera administratibo horiek, bestalde, agerian jartzen dute gizarte-eskolek hainbat urtetan izan zuten zehaztugabetasuna; izan ere, lanbide-heziketaren eta goi-mailako irakaskuntzaren artean kokatzen zituzten, bi esparruetako batera ere ez baitziren guztiz doitzen.

Gerra Zibilak etena ekarri zuen erakunde horien ibilbidean, eta haien jarduera bertan behera gelditu zen gatazkak iraun zuen bitartean. Hala ere, gerra amaitu ondoren, diktadura frankistak berpiztu egin zituen, ideologia nazional-katolikora eta egitura korporatiboetara egokituta. 1941eko abenduaren 29ko Aginduak araudi berri bat eta berrikusitako ikasketa-plan bat onetsi zituen. Horren bidez, Bartzelonako, Valentziako, Zaragozako, Granadako eta Sevillako eskolek jarduerari ekin zioten berriro, Lan Ministerioaren babespean. Legeen irakaskuntzak doktrina-kutsu handia hartu zuen orduan, eta haren edukiak Estatu autoritarioaren printzipioen mende jarri ziren, lan harremanak autoritateek babestutako gizarte harmonia modura ulertzen baitzituen estatuak.

MINISTERIO DE TRABAJO

—

ESCUELA SOCIAL DE ZARAGOZA

—

CONVOCATORIA DE ___JUNIO___ CURSO DE 19_59_ - 19_60_

D ___RAFAEL ANGEL ZAMORA MARTINEZ___ número ___18___

de matrícula en la asignatura de

___Economía y Estadística___

puede presentarse a examen con este documento ante el tribunal correspondiente.

Zaragoza _____ de _2 1 JUN 1960_ de 196____

El Secretario,

En los exámemes **O R D I N A R I O S** ha obtenido la calificación de

___Notable___

Zaragoza _9_ de Junio de 196_0_

El Profesor,

ZARAGOZAKO GIZARTE ESKOLA (1945) ETA EBROKO GIZARTE GRADUATUEN ELKARGO OFIZIALA (1956)

Zaragozako Gizarte Eskolak garrantzi berezia izan zuen Nafarroako gizarte-graduatuen historian. 1945eko urriaren 11ko Aginduaren bidez sortu zen formalki, arestian aipatutako 1925eko abuztuaren 17ko Errege Lege-Dekretuaren babesean, horren bidez ezarri baitziren estatu osoko gizarte-eskolak. Eskola horien xedea gizarte eta lan arloko teknikariak prestatzea zen, nahiz eta hasiera batean funtzionario publikoak prestatzera bideratu ziren.

Berrogeita hamarreko hamarkadan, gizarte-graduatuen lanbidea sendotzeko prozesua puntu erabakigarri batera iritsi zen: batetik, titulodunen kopurua nabarmen hazi zen, eta bestetik, haien lana gero eta espezializatuagoa zenez, lanbideari kohesioa eta aitorpen instituzionala emanen zioten egitura korporatiboak sortu behar izan ziren. Lan eta gizarte arloko araudia gero eta konplexuagoa zenez, eta teknikari horiek enpresen eta langileen aholkularitzan gero eta garrantzi handiagoa zutenez, agintariek kide anitzeko antolamendu-esparru bat ezarri behar izan zuten kalitatea, erantzukizuna eta taldearen jardunaren batasuna bermatzeko. 1950eko abenduaren 22ko Dekretuak xedatu zuen Gizarte Graduatuen Elkargo Ofizial bat sortu behar zela nahitaez Gizarte Eskola bat zuten probintziako hiriburu guztietan. Neurri horren helburua zen lanbideari egitura instituzional egonkorra ematea batetik, eta bestetik, langileen interesak eta praktika profesional egokia zaintzeko gai izanen zen ordezkaritza-organo bat. Geroago, Auzitegi Gorenaren 1955eko abenduaren 14ko epaiak berretsi egin zuen araua. Epai horrek sorrera-dekretuaren erabateko baliozkotasuna eta indarraldia aitortu zituen, eta, hala,

Zaragozako Gizarte Eskolako txartela. Ekonomia eta Estatistikako irakasgaia. 1959-1960 ikasturtea.

23 octubre 1945

O. del E.—Núm. 296

MINISTERIO DE TRABAJO

ORDEN de 11 de octubre de 1945 por la que se restablece la Escuela Social de Zaragoza.

Ilmo. Sr.: Vista la petición formulada por las Autoridades académicas y civiles de Zaragoza y de conformidad con el informe emitido por la Sección de Estudios,

Este Ministerio ha tenido a bien disponer que se restablezca la Escuela Social de Zaragoza, la que quedará sometida al mismo régimen y Reglamentos que las demás de su clase.

Lo que digo a V. I. para su conocimiento y efectos.

Dios guarde a V. I. muchos años.

Madrid, 11 de octubre de 1945.

GIRON DE VELASCO

Ilmo. Sr. Subsecretario de este Ministerio.

ORDEN de 17 de octubre de 1945 por la que se aclaran las normas complementarias de la Reglamentación Nacional del Trabajo en la industria del manipulado de papel de fumar, de 28 de julio último.

Ilmo. Sr.: Habiendo surgido algunas dudas de interpretación de las Normas complementarias de la Reglamentación nacional de Artes Gráficas para la Reglamentación nacional del trabajo en la industria del manipulado de papel de fumar, aprobadas por Orden de 28 de julio último.

Vista la propuesta elevada por esa Dirección General de Trabajo, con fecha de hoy.

Este Ministerio, en uso de las facultades que le confiere la Ley de 16 de octubre de 1942, ha dispuesto:

Primero. El personal que en las fábricas de manipulado de papel de fumar desempeñe oficios propios y específicos de Artes Gráficas, serán clasificados y remunerados, como preceptúa el apartado IV de las citadas Normas, a tenor de lo que la reglamentación de Artes Gráficas asigna para los mismos en la zona 1.ª

Dentro de este mismo criterio, los Oficiales terceros mecánicos de máquinas de manipulado de papel de fumar,

1945eko urriaren 11ko Agindua, Lanaren Ministerioarena, Zaragozako Gizarte Eskola berrezartzen duena.

Zaragozako Gizarte Eskolako txartela. Lanaren Zuzenbideko irakasgaia. 1959-1960 ikasturtea.

sendotu egin zuen elkargo ofizialek zuzenbide publikoko korporazio gisa zuten zilegitasun juridikoa.

Testuinguru berri horretan, gizarte-graduatuak gizarte eta lan arloko gaietan espezializatutako teknikari gisa finkatzen hasi ziren, haien gain baitzegoen lan harremanen sare konplexuko kudeaketaren eta aholkularitzaren ardura. Haien funtzioak garrantzi handiko dimentsio soziala hartu zuen, administrazioaren, enpresen eta langileen arteko elkargunean kokatzen baitziren, eta bitartekotza-lanaz gain lan-arloko legeria betetzen zela bermatu behar baitzuten.

Elkargoaren eredua berehala hedatu zen. 1950eko araudiaren babesean, eta zenbait lurraldetan gizarte-eskolak aktibo zeudenez, probintziako elkargoak eratzeko prozesuak modu ordenatuan egin zuen aurrera hurrengo urteetan. Esparru horretan, Aragoiko hiriburuan Gizarte Eskola bat egoteak Ebroko Gizarte Graduatuen Elkargo Ofiziala sortzeko bidea eman zuen, eta 1956ko urriaren 30eko Aginduaren bidez formalizatu zen haren sorrera. Korporazio profesional horrek Zaragozan zuen egoitza, eta lurralde mugape zabala zuen bere gain: Huesca, Logroño, Soria, Teruel, Zaragoza eta Nafarroa. Hala, elkargoaren lehen urteetan, haren egituraren barnean egon ziren Nafarroako gizarte-graduatuak. Erakunde horrek diktadura frankistaren logika zentralizatzailea islatzen zuen, baina baita hedatzen ari zen eta profesionalki finkatzen ari zen talde bat kohesionatzeko nahia ere. Elkargoei esker, gizarte-graduatuek ordezkaritza-espazio komun bat eta haien funtzio teknikoa defendatzeko, prestakuntza hobetzeko eta etika profesionala bermatzeko tresnak izan zituzten.

Zaragozako Gizarte Eskolaren eragina erabakigarria izan zen Nafarroan. Aurrerago ikusiko dugunez, 1959-1960 ikasturtera atzera egin behar da Nafarroako gizarte-graduatuen prestakuntzaren abiapuntura jotzeko; izan ere, ikasturte horretan ezarri zen Iruñean Gizarte Ikasketen Mintegia. Hasiera batean egoitza Nafarroako Eskola Sindikalean izan zuen, mintegi horren helburu nagusia sindikalisten prestakuntza osatzea baitzen. 1980an –urte hartan ofizialdu zen Mintegia 921/1980 Errege Dekretuaren bidez–, Zaragozako Graduatu Sozialen Eskolari atxikitako zentro ez-estatal gisa katalogatu zuten. Atxikipen horrek esan nahi zuen Zaragozako Eskolak eginen zuela Iruñeko irakaskuntzaren kontrol akademiko zuzena, eta hala izan zen 1993an Mintegia desagertu zen arte.

Okzitaniako Tolosan atzerriraturiko espainiarrak maiatzaren 1a ospatzen (1945).

PRESTAKUNTZAREN HASTAPENAK IRUÑEAN (1959)

Aipatu dugun bezala, Nafarroako Gizarte Graduatu ikasketen hastapenek lotura estua dute erregimen frankistaren lan egitura prestatutako langilez hornitzeko zuen beharrarekin. Ekimen hori gauzatzeko Gizarte Ikasketen Atala sortu zen Akademia Sindikalaren barnean, zeina Nafarroako Eskola Sindikalaren baitan baitzegoen. Eskola, aldi berean, Falange Española y de las JONSen Sindikatuen Ordezkaritza Nazionalaren esanetara zegoen.

Proiektua Iruñeko Gizarte Ikasketen Mintegian hezurmamitu zen, eta 1959-1960 ikasturtean ekin zion bere jarduerari. Carlos Vilchesek eta José Manuel Andradasek xehetasunez aztertu dute haren historia. Hasiera batean, Mintegia garai bateko Sindikatuen Etxeko lokaletan kokatu zen, Iruñeko Zaragoza etorbideko 12. zenbakian, gaur egun UGT eta CCOO sindikatuen egoitzak dauden eraikinean. Hala ere, espazio-premia gero eta handiagoa zenez, 1964ko urtarrilean Eskola Sindikala Grupo Ruiz de Alda izenez ezagutzen den eraikinera lekualdatu zen (Iturralde y Suit kalea, z/g), gaur egun ELA sindikatuaren egoitza denera.

Mintegiaren sorrerako helburua Gizarte Graduatu Diploma ematea eta koadro sindikalen prestakuntza osatzea izan zen, batez ere buruzagiena eta erdi-mailako agintariena. Lehen etapa horretan, ikasketak arautu gabe zeuden oraindik eta Lan Ministerioaren ikuskaritzapean ematen ziren eskolak.

Mintegia Zaragozako Gizarte Graduatuen Eskolari atxikita zegoen, eta ondorioz, ikasleek erakunde horretako epaimahaien aurrean egin behar izaten zituzten kasuan kasuko diploma lortzeko azterketak. Hala ere, Eskola Sindikalaren gestioei esker, ohikoa zen Zaragozako Gizarte Eskolako epaimahaietako kideak Iruñera etortzea probak errazte aldera. Gainera, azken diploma lortu nahi zutenek errebalida gaindituedo tesina bat aurkeztu eta defendatu behar izaten zuten Zaragozan. Zaragozako Unibertsitateak ezartzen zituen ikasketa-planaren eta irakaskuntza-edukien ildoak.

Sindikatu Etxea. Iruñeko Gizarte Ikasketen Mintegiaren lehenbiziko egoitza (1959-1963).

Iruñean Gizarte
Ikasketen Atala sortzeari
buruzko txostena (1959).

Mintegiaren antolaketa akademikoa ikasketak eta lana uztartzen zituzten ikasleei begira egina zen. Horregatik, eskolak arratsaldez ematen ziren, ikasketak lanaldiarekin bateratu ahal izateko. Klaseak zazpi eta erdietatik bederatzietara ematen ziren, egunean berrogei minutuko bi saiotan, atseden labur bat eginez bi saioen artean. Egitura murritz horren beste helburuetako bat ikasteko ohitura gutxi zuten ikasleei arreta handiagoa ematea zen, eta azalpen zehatzak lehenesten ziren azalpen luzeen ordez.

Lehen urteetan, matrikula doakoa zen sindikatuan izena emanda zeuden ikasleentzat, baina izena emateko kuota sinboliko bat ezartzea proposatu zen, ikasleen konpromisoa sustatzeko eta eskoletara ohikeriaz joatea saihesteko. Aurrerago, aprobetxamendu akademikoa egiaztatzen zuten ikasleei ekarpen ekonomiko hori konpentsatzen zitzaien eta matrikula-gastuak eta azterketak egiteko Zaragozako joan-etorrien gastuak ordaintzen zitzaizkien.

Prestakuntza-jarduerak parte-hartze handia izan zuen hasieratik. Lehen ikasturteetan 750 lagun matrikulatzera iritsi ziren, baina 1967-1968 ikasturtean kopurua 67 ikasletan egonkortu zen, hiru mailatan honela banatuta: 23 lehenbiziko mailan, 21 bigarrenean, eta 23 hirugarrenean. Gizonezkoak ziren nagusi (46 gizon eta 21 emakume) eta, lanbideari zegokionez, ikasle gehienak administrariak ziren. Ikasturte hartako irakasleak goi-mailako profesionalak ziren: Zuzenbideko doktore bat, ingeniari bat, Filosofia eta Letretako lizentziadun bat, Zuzenbideko zazpi lizentziadun eta Medikuntzako lizentziadun bat. Garai hartarako amaitua zen dagoeneko ikastegiko zazpigarren promozioa.

Iruñeko Gizarte Ikasketen Mintegia.
1968-1969 ikasturteko ikasleak.

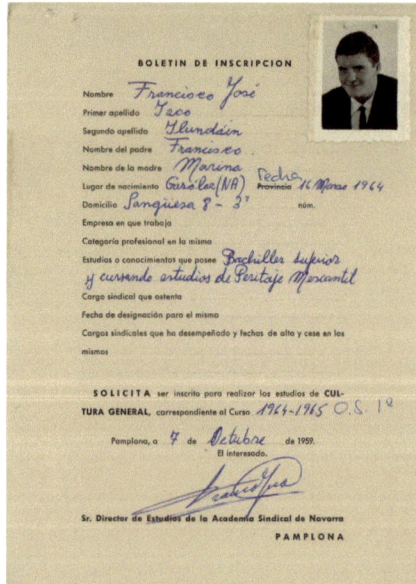

BOLETIN DE INSCRIPCION

Nombre *Teresita*
Primer apellido *Cía*
Segundo apellido *Goñi*
Nombre del padre *Felix*
Nombre de la madre *Carmen* Fecha *22-3-42*
Lugar de nacimiento *Pamplona* Provincia *Navarra*
Domicilio *Zapatería* núm. *42-1º izd.*
Empresa en que trabaja *Transportes Ochoa -Tafalla 31*
Categoría profesional en la misma *Auxiliar Administrat.*
Estudios o conocimientos que posee *Primarios*

Cargo sindical que ostenta

Fecha de designación para el mismo

Cargos sindicales que ha desempeñado y fechas de alta y cese en los
mismos

S O L I C I T A ser inscrito para realizar los estudios de **JURADO**
DE EMPRESA - ENLACE SINDICAL, (táchese lo que no interesa)
correspondiente al Curso *1º Graduado Social*
Pamplona, a *13* de *Octubre* de 19*65*
El interesado.

Teresita Cía

Sr. Director de Estudios de la Academia Sindical de Navarra

P A M P L O N A

Nafarroako Akademia Sindikaleko ikasle-fitxa. Teresita Cía Goñi.

BOLETIN DE INSCRIPCION

Nombre *José Javier*
Primer apellido *Chorraut*
Segundo apellido *Burguete*
Nombre del padre *Simón*
Nombre de la madre *Ángela* (*3-12-35*)
Lugar de nacimiento *Izoain* Provincia *Navarra*
Domicilio *San Pedro* núm. *24-4º iz.*
Teléfono 215896
Empresa en que trabaja
Categoría profesional en la misma
Estudios o conocimientos que posee

Cargo sindical que ostenta
Fecha de designación para el mismo
Cargos sindicales que ha desempeñado y fechas de alta y cese en los mismos

S O L I C I T A ser inscrito para realizar los estudios de **JURADO**
DE EMPRESA - ENLACE SINDICAL, (táchese lo que no interesa)
correspondiente al Curso *2º S. Social*
Pamplona, a *8* de *Febrero* de 19*59*
El interesado

Sr. Director de Estudios de la Academia Sindical de Navarra

P A M P L O N A

BOLETIN DE INSCRIPCION

Nombre *Francisco José*
Primer apellido *Izco*
Segundo apellido *Ilundáin*
Nombre del padre *Francisco*
Nombre de la madre *Marina* Fecha *16 Marzo 1964*
Lugar de nacimiento *Guirola (NA)* Provincia
Domicilio *Sangüesa 8 - 3º* núm.
Empresa en que trabaja
Categoría profesional en la misma
Estudios o conocimientos que posee *Bachiller superior y cursando estudios de Peritaje Mercantil*
Cargo sindical que ostenta
Fecha de designación para el mismo
Cargos sindicales que ha desempeñado y fechas de alta y cese en los mismos

S O L I C I T A ser inscrito para realizar los estudios de **CUL-**
TURA GENERAL, correspondiente al Curso *1964-1965 O.S. 1º*
Pamplona, a *7* de *Octubre* de 19*59*.
El interesado

Sr. Director de Estudios de la Academia Sindical de Navarra

P A M P L O N A

Nafarroako Akademia Sindikaleko ikasle-fitxa.
José Javier Chorraut Burguete, 1966. Iruñeko
alkate izatera iritsiko zena.

Nafarroako Akademia Sindikaleko ikasle-
fitxa. Francisco José Izco Ilundáin, 1964. C. A.
Osasunako presidente izatera iritsiko zena.

31/133.380 - 15.424.140

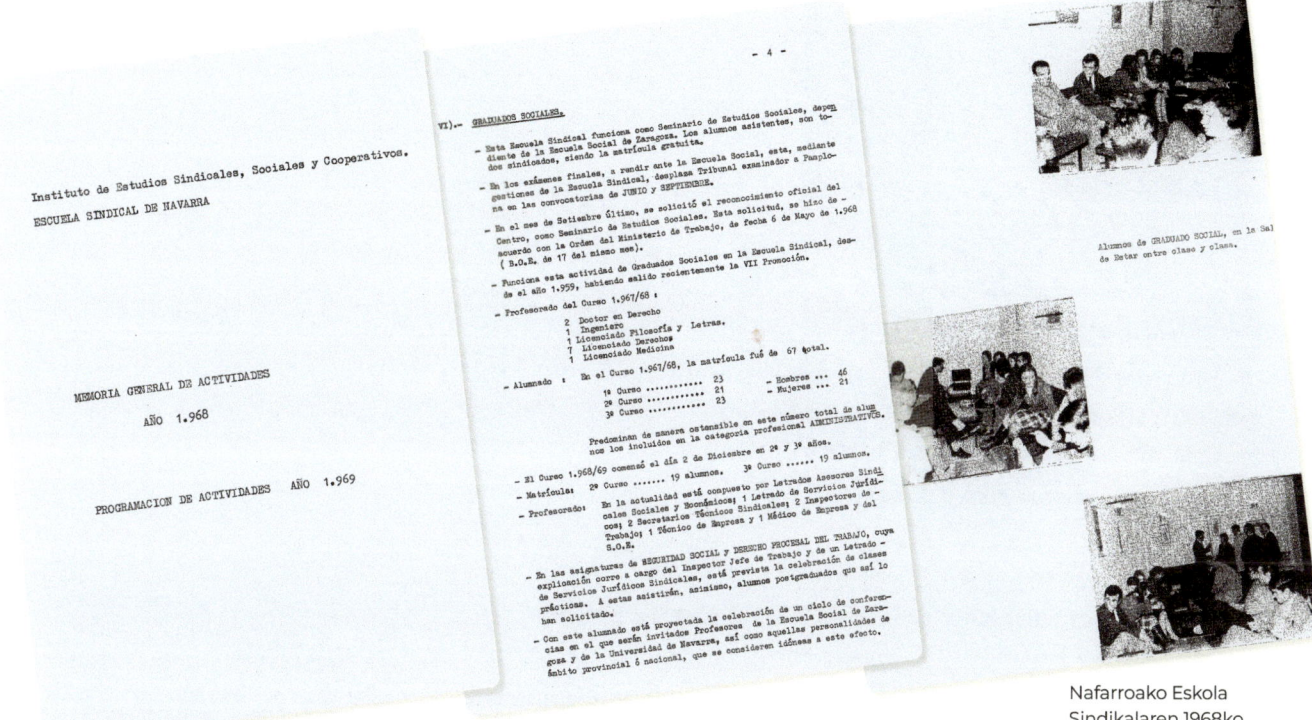

Nafarroako Eskola Sindikalaren 1968ko Jardueren Memoria Orokorra.

1968ko irailean, urte hartako maiatzaren 6ko Lan Ministerioaren Agindua betez, zentroa Gizarte Ikasketen Mintegi gisa ofizialki onartzeko eskaera izapidetu zen, eta modu horretan, haren estatus akademiko eta administratiboa sendotu ziren.

1970eko Hezkuntzari eta Hezkuntza Erreformaren Finantzaketari buruzko Lege Orokorrak unibertsitate-maila formalik gabeko hasierako etapa horren amaiera azkartu zuen. Lege horrek lanbide eskolak Unibertsitate Eskoa bihurtzea bultzatu zuen, eta 1971n eman zitzaion hasiera prozesu horri.

Mintegiak Zaragozara atxikita eta arautu gabeko irakaskuntza-sisteman jarduten jarraitu bazuen ere, arau horrek etorkizunean ofizial bihurtzeko bidea ireki zuen. 1980an iritsiko zen ofizial bihurtze hori, Gizarte Graduatu Diplomaren aitortzarekin eta araubide akademikoa unibertsitate irakaskuntzako lehen zikloko ikasketekin homologatuz.

Iruñeko Gizarte Ikasketen Mintegiaren bigarren egoitza, Iturralde y Suit kalean, 1964tik aurrera.

Javier D. Hernández de la Merced

"La profesión ha mejorado muchísimo. Hace 30 ó 40 años, e incluso menos, el Graduado Social era un perfecto desconocido"

Nacido en Pamplona el 28.11.1948
Socio fundador de Asesoría OFICO desde 1.969
Secretario Fundador Colegio Graduados Sociales de Navarra en 1.974
Presidente Colegio Graduados Sociales Navarra de 1978-1982
Directivo y asociado fundador de ASEODEN, miembro de la C.E.N.
Presidente fundador y actual Consejero de Red de Asesorías iusTime

El 19 de Diciembre hará 39 años como colegiado, ¿por qué decidió ser Graduado Social?

Muy sencillo, el ideal de cualquier estudiante es alcanzar a ejercer la profesión que estudia y sabemos no es nada fácil. En mi caso no fue así; estando en el segundo año de estudios, un profesor y Jefe de la Inspección de Trabajo, me dijo le habían pedido presentar un candidato para responsable del área laboral de una compañía de asesoramiento nacional con Delegación en Pamplona y que se había fijado en mí. No me lo pensé dos veces, dejé mi trabajo en una compañía de seguros cuyo director era mi padre; a él le costó algo asimilarlo, pero entré a trabajar en asuntos profesionales por cuenta ajena con 17 años, siendo estudiante. Esa es la realidad que consta en mi histórico laboral, aunque no me pude colegiar hasta cumplir la mayoría de edad, entonces de 21 años. Los estudios creo los terminé con 20 años. Nuestra generación diría que sólo hemos sabi-

do trabajar mucho, yo ahora cumplo 60 años y llevo 44 en la brecha. Siempre digo que está claro porqué ha prosperado este país; yo recuerdo que descansaba los domingos a la tarde y tan contento, pero no sólo yo, una gran parte del mundo emprendedor. En definitiva decidí ser Graduado Social porque gestioné mi tiempo libre en algo que me gustaba estudiar y encontré el trabajo apropiado.

¿Qué dificultades encontró en aquellos años para estudiar y posteriormente ejercer la profesión?

Ya lo he contestado antes de alguna forma; yo hice el bachiller y no me atrevía con una carrera clásica por lo que empecé a trabajar con mi padre y al tener horario contínuo hasta las 15 horas, me animé a estudiar Relaciones Laborales por las tardes en la entonces Escuela Sindical de Navarra, dependiente de la Escuela Social de Zaragoza, dónde nos examinaban. Estos estudios en la década de los sesenta

NAFARROAKO ELKARGO OFIZIALAREN SORRERA ([1966] 1973)

Nafarroako Gizarte Graduatuen Elkargo Ofizialak jarduera aintzatesteko eta duintzeko konpromisoa hartu zuen profesional talde baten ekimenean du sorburua. 1965eko apirilaren 3an abiatu zen formalki, egun horretan eratu baitzen lehen Probintzia Batzordea, egoitza Zaragozan duen Ebroko Gizarte Graduatuen Elkargo Ofizialaren orduko Nafarroako probintzia-ordezkaria buru zela. Hala ere, etorkizuneko Elkargoaren benetako historia 1966ko irailaren 29tik aurrera hasi zen zirriborratzen, Antonio Ruiz Pérezek (probintziako ordezkaria), José Oriol Piquer Iglesiasek (idazkaria) eta Joaquín Ibiricu Senosiainek (diruzaina) probintziako batzorde berria eratu zutenetik aurrera, hain zuzen ere.

Hasierako etapa horretan aurrerapen garrantzitsuak egin ziren; besteak beste, egoitza ofizial bat eskuratu zuten «La Conciliación» mutualitateak Iruñeko Zapateria kaleko 27 eta 29 zenbakietan utzitako lokaletan. Espazio propio bat ziurtatzeaz gain, honako hauek izan ziren Batzordearen lehentasunak: liburutegi bat sortzea, lan arloko agintariekin eta sindikatuekin harreman instituzionalak ezartzea eta tituludun berriak kidetu zitezen sustatzea, bizitza korporatiboan aktiboki parte har zezaten.

Nafarroako Gizarte Graduatuen Elkargo Ofizialaren sorrera Espainian 1970eko hamarkadan bultzatu zen lanbidearen deszentralizazio eta heldutasun prozesu zabalago baten barnean kokatu behar da. Ordura arte, Nafarroako gizarte graduatuak egoitza Zaragozan zuen Ebroko Gizarte Graduatuen Elkargo Ofizialaren mende zeuden organikoki, elkargo horren mugape zabalean sartzen baitzen Nafarroa. Mendekotasun hori lehenbiziko urteetan elkargoaren antolaketa errazteko baliagarria izan bazen ere, urteak joan

Elkargoaren lehenbiziko urteei buruzko elkarrizketa Javier D. Hernández de la Merced jaunari. (Elkarrizketak 27. orrialdean jarraitzen du).

Gizarte Graduatuen Elkargo Ofizialaren eraketa. Iruñea, 1973an

Parte-hartzaileetako batzuen zerrenda:

1. Julio García
2. Pedro Úcar
3. Armando Macazaga
4. Fernando Sanz
5. Juan José Armañanzas
6. Joaquín Induráin
7. Antonio Ruiz
8. Oriol Piquer
9. Tomás Delgado
10. José Luis Cornejo
11. Ángel Ubani
12. Joaquín Ibiricu
13. Jesús Suescun
14. Javier Hdez. de la Merced

ahala gero eta ezdeusago bilakatu zen foru izaera eta hedatzen ari zen sare sozioekonomiko propioa zituen probintzia baten behar espezifikoei erantzuteko.

1973ko urtarrilaren 12ko Aginduaren bidez Espainia osoan bultzatu zen elkargoen deszentralizazio mugimendua inflexio-puntua izan zen elkargoetan kidetutako lanbideen antolaketan. Helburua argia zen: probintzia bakoitzari ordezkaritza-egitura hurbilago eta autonomoagoak ematea, lurraldeko behar espezifikoei erantzuteko eta kolektibo profesional bakoitzaren proiekzio soziala indartzeko ahalmen handiagoa izan zezaten.

Erregearen harrera Elkargoko presidente Javier D. Hernández de La Merced jaunari, 1982ko ekainean.

Esparru horretan, Nafarroako gizarte-graduatuek mobilizazio eta kudeaketa-prozesu irmo bati ekin zioten independentzia korporatiboa lortzeko xedez, sinetsita baitzeuden foru komunitatean lanbidea sendotzeko esparru propioa, autogobernatua eta Nafarroako errealitatera erabat egokitua behar zela.

Ahalegin kolektibo horrek Nafarroako Gizarte Graduatuen Elkargo Ofiziala sortzea ekarri zuen, eta haren onespen ofiziala 1973ko urriaren 15eko Ministro Aginduaren bidez gauzatu zen, aginduan elkargoa sortzea eta Ebroko Elkargotik bereiztea xedatu baitzen. Tentsioak edo hausturak planteatu beharrean, prozesua lankidetza eta adostasun espirituarekin garatu zen, eta Zaragozako erakunde nagusiaren eta Gizarte Graduatuen Elkargo Ofizialen Kontseilu Gorenaren babes esplizitua izan zuen. Sostengu orokor horrek trantsizioaren izaera ordenatu eta legitimoa islatu zuen, lanbideak Nafarroan lortutako heldutasunaren seinale.

Horrela, Nafarroako Elkargoaren eraketak lanbidea profesionalki eta instituzionalki finkatzeko prozesu luze baten amaiera markatu zuen. Elkargoaren sorrerak egitura propio eta autonomoa eskuratzearekin batera, bere burua gobernatzeko eta justizia sozialaren eta lan harremanen garapenean aktiboki laguntzeko gaitasun osoa zuen talde profesional kohesionatu baten aitorpena ekarri zuen. Antonio J. Ruiz Pérez Elkargoko lehen presidentea izan zen garai berri horren buru, eta berak zuzendu zuen erakundea frankismo berantiarreko eta Trantsizioko urte erabakigarrietan (1973-1978). Haren lidergoa funtsezkoa izan zen Elkargoaren antolaketa-oinarriak finkatzeko, eta politikako, lan arloko eta arau arloko aldaketa sakonen testuinguru hartan gizarte-graduatuen garrantzi soziala publikoki sendotzeko. Haren agintaldian, korporazioaren barne egitura taxutu zen, lehen erregelamenduak egin ziren eta Elkargoaren presentzia sendotu zen Nafarroako foro profesional eta administratibo nagusietan.

Ruiz Pérezen ondorengoa Javier David Hernández de la Merced izan zen (1978-1982). Hark jarraipena eman zion sorrerako proiektuari eta erakundea indartzeko eta gizartean ezagutarazteko bultzada eman zion. Bere agintaldian, Elkargoak lurraldean zuen ezarpena handitu, mintzakidetza publikoaren esparruan zuen presentzia indartu eta korporazio profesional sendo, errespetatu eta lan harremanen hobekuntzarekin konprometituaren irudia sendotu zituen. Bi presidenteek —Ruiz Pérezek eta Hernández de la Mercedek— funtsezko zeregina bete zuten Nafarroako elkargoaren proiektua sendotzen, eta foru lurralde osoan lanbidearen nortasun sendo eta aintzatetsia eratzen lagundu zuten.

Elkargoa ofizialki onetsita, lehen Gobernu Batzordea eratu zen, Antonio J. Ruiz Pérez buru zela, eta Joaquín A. Ibiricu Senosiain presidenteorde, Javier David Hernández de la Merced idazkari eta José Oriol Piquer Iglesias diruzain zirela. Urte batzuk geroago, Ruiz Pérez Ohorezko Elkargokide eta Ohorezko Presidente izendatu zuten, egindako lana eta sorreran izan zuen rola eskertzeko; Jesús Suescun Buenok, berriz, Elkargoaren Ohorezko Domina jaso zuen, Nafarroan lanbidea instituzionalizatzea posible egin zutenei egindako aitorpen kolektiboaren sinbolo gisa.

Lehen etapa horretako lorpen nabarmenen artean, 1976an inauguratutako egoitza sozial berria aipatu behar da. Egoitza Barañaingo etorbideko 52. zenbakian zegoen, 8. solairuan, eta espazio propio, moderno eta funtzional bat eman zion elkargoari, haren erantzukizun gero eta handiagoek eskatzen zuten neurrikoa. Lehenengo egoitza horretan egin ziren lehen bilerak, izapidetu ziren hasierako espedienteak eta sendotu ziren zorroztasun teknikoa eta justizia soziala sustatzeko konpromisoa zuen komunitate profesional bateko kideen arteko loturak. Erakundearen muin hartatik abiatuta, antolaketaren oinarriak ezarri ziren, eta urteen joanarekin, Lan Harremanetako eta Giza Baliabideetako tituludunen ordezkaritza ere bere gain hartu zuen, batere aldatu gabe lanbidearen sorrerako printzipioak: zerbitzu publikoaren bokazioa, konpromiso soziala eta bikaintasun teknikoa.

Elkargoa sendotzeko bokazioak Elkargo Profesionalen Erregelamenduan aurkitu zuen babesa (1978ko abenduaren 16ko 3549/1978 Errege Agindua), Espainiako Gizarte Graduatuen Elkargo guztiei esparru juridiko egonkorra eman zien erregelamenduan, hain zuzen ere.

Elkargoaren lanaren aitortzak 1982ko apirilaren 30ean iritsi zen gorenera, Gizarte Graduatuen Elkargo Ofizialei eta haien Kontseilu Gorenari Laneko Merezimenduaren Taldeko Urrezko Domina eman zitzaienean (827/1982 Errege Agindua). Estatu mailako aintzatespen hori lanbideak lortutako prestigioaren eta heldutasunaren sinbolo zen, baita Nafarroako Elkargoa Espainia demokratikoaren egitura instituzional eta sozialean erabat integratu izanarena ere.

Elkargoaren lehen hamarkadan, erakundeak ahalegin berezia egin zuen bere kideen nortasun profesionala finkatzeko, onarpen publikoa sendotzeko eta lanbidearen jarduna duintzeko. Ahalegin horrek prestakuntza jarraitu eta zorrotza sustatzea ekarri zuen, elkargokideei prestakuntza sendoa emateko lan-eremuko eskakizun tekniko eta etiko gero eta handiagoei gaitasunez aurre egin ahal izan ziezaieten.

Jarduera hori finkatze prozesuan zegoen arau esparru batean garatu zen, eta 1977ko abenduaren 16ko 3549/1977 Errege Dekretu bidez Gizarte Graduatuen Elkargo Ofizialen Estatutu Orokorrak onartu zirenean amaitu zen. Xedapen horrek egitura juridiko egonkor eta homogeneoa eman zien elkargoei, eta argi eta garbi definitu zituen haien izaera, eskumenak eta kideen lan araubidea. Estatutu horien arabera, Gizarte Graduatuen Elkargoak zuzenbide publikoko korporazio gisa eratu ziren, eta nortasun juridiko propioa eta helburuak betetzeko gaitasun osoa aitortu zitzaizkien. Administratiboki Lan Ministerioari atxikita egoteak lanbidearen eta Estatuaren gizarte politikaren arteko lotura sendotu zuen. Arauak ezartzen zuenaren arabera, lurralde-mugape batean ziharduten profesional guztiek nahitaez izan behar zuten zegokien elkargoko kide, eta horrek lanbidearen batasuna eta jardunaren ikuskapena bermatzen zituen.

Urte horietan indarrean egon zen lege-esparruak zehatz-mehatz zehazten zituen gizarte-graduatuen eskumenak eta erantzukizunak. 1970eko abuztuaren 28ko Aginduaren 1. artikuluan oinarrituta, 1977ko Estatutuetan gizarte-graduatuen lanaren zabaltasuna eta izaera teknikoa islatzen zuten funtsezko funtzio batzuk jaso ziren. Gizarte-graduatuek, lehenik eta behin, enpresek, langileek, partikularrek, Estatuak edo Gizarte Segurantzak agindutako gizarte eta lan arloko era guztietako azterketa-, aholkularitza-, ordezkaritza- eta kudeaketa-lanak egin behar zituzten. Bitartekaritzako eta izaera teknikoko zeregin horrek sendotu egin zuen lan-harremanen sistema osatzen zuten alderdien

Elkargoaren lehenbiziko urteei buruzko elkarrizketa Javier D. Hernández de la Merced jaunari (jarraipena).

arteko bitartekari kualifikatuaren rola.

Horri irizpen eta txostenen bidezko esku-hartze profesionala gehitu behar zitzaion, eta horrek jardun administratiboan eta judizialean aintzatetsitako eginkizun aholku-emailea aitortu zien lan harremanetako graduatuei. Gainera, adiskidetzerako erakunde sindikalen eta laneko epaitegien aurrean ordezkari gisa jarduteko gaikuntza eman zitzaien legeak baimentzen zituen kasuetan, eta, horrela, haien presentzia indartu zen lan gatazkak konpontzeko prozesuetan. Azkenik, gizarte eta lan arloko aditu gisa jardun zezaketen justizia-auzitegietan, eta haien ezagutza espezializatua baliatu lan-harremanen, Gizarte Segurantzaren eta gizarte eta lan arloko araudiaren arloetan.

estaban orientados a trabajadores con inquietudes sociales, ya que dependíamos del Ministerio de Trabajo y no de Educación y Ciencia. Por tanto la única dificultad fue estudiar en los tiempos de descanso semanal y para ejercer por cuenta propia, la dificultad fue pedir créditos para los gastos de instalación, ya que todo lo demás como he dicho fue trabajar duro.

Echando la vista atrás, ¿qué diferencias encuentra en la profesión de entonces con la situación actual?

No se parece en nada el entorno y los medios, pero en el fondo sigue siendo lo mismo, continuamos asesorando y administrando personal. Por ejemplo el entorno del ámbito colegial, la diferencia es que ni teníamos Colegio en Navarra, dependíamos del Colegio del Ebro con sede en Zaragoza. Los colegas Antonio Ruiz y su socio José Oriol Piquer, Joaquín Ibiricu y yo como ejercientes libres acompañados de Jesús Suescun, José Antonio Galar, Gorosquieta, Elizalde etc. hasta quince, conseguimos crear el Colegio. Ibiricu nos proporcionó a precario una sede en la calle Blanca de Navarra que compartíamos con otra entidad de Previsión. Hablo del año 1.974, en ese primer mandato fundacional Antonio Ruiz fue Presidente y yo Secretario. Al segundo período del 78 al 82, yo fui Presidente y decidimos tener sede propia, para lo cual nos inventamos unos bonos préstamo voluntarios de los colegiados para adquirir un humilde local en Ermitagaña. Recuerdo que gestioné la compra del local a un cliente constructor a precio de "casa", creo eran 6.500 ptas. metro... y como cincuenta metros aproximadamente en un ático.

En el entorno del ámbito de los medios disponibles la diferencia también abismal. Empezamos porque las normas entonces perduraban en el tiempo inamovibles, por ejemplo la Ley de Contrato de Trabajo. Ahora el poder legislativo es una factoría de disposiciones legales de ámbito nacional o autonómico y constantemente con cambios, además de las dichosas circulares o boletines internos de las Entidades Gestoras y por supuesto todo bien "condimentado" con doctrina jurisprudencial. En el ámbito de los medios mecánicos pensar que no existía informática, se trabajaba con calculadora, máquinas de escribir y constantes consultas de tomos de Aranzadi. Realmente nuestra profesión requiere tener la cabeza muy bien amueblada para no quedarte en el camino. También es cierto que cuánto más difícil esté, para nosotros es mejor, ya que si estuviera fácil tendríamos menos trabajo.

¿Echa algo de menos en la manera de trabajar de aquéllos años?

Lo tengo muy claro, la diferencia es el cliente. Antes yo era el "confesor" del cliente con un trato muy cercano basado en la confianza. Ahora, fruto de la evolución de la sociedad, la globalización y la competencia; hemos pasado a ser un proveedor de servicios legales. Antes nos entendíamos con la propiedad, ahora casi ni la conocemos, tenemos interlocutores variopintos y cambiantes. Por tanto yo echo en falta la continuidad del interlocutor en las organizaciones empresariales que solamente se consigue en las micropymes con la propiedad. Es determinante exigir al cliente el perfil interno de nuestro interlocutor en el servicio, para que éste sea fluido y cumpla los requisitos de calidad.

¿Qué opina respecto a la profesión en la actualidad? ¿Ha mejorado? ¿Qué problemas le encuentra?

Es obvio que la profesión desde que yo empecé ha mejorado todo. Creo que el gran hito lo conseguimos con el cambio del plan de estudios y el reconocimiento universitario, pasando de un título especializado a un título académico. Los problemas de la profesión no son tanto la competencia desleal como la mayoría de los colegas citan. Hoy la globalización está destruyendo los privilegios de las competencias profesionales en general y en este mundo llamado mercado, hay distintos agentes de servicios, cuyo único parámetro está siendo la responsabilidad profesional frente a terceros en caso de no cumplir correctamente los servicios encomendados. Por tanto los problemas actuales estriban más en crear organizaciones y equipos de trabajo viables en el mercado, que según su dimensión, sus titulares estamos pasando por la vía del hecho a ser gerentes, para lo cual nos tenemos que defender como podemos en diferentes esferas y en plan autodidacta. El Graduado Social ayudado exclusivamente con personal auxiliar, se deberá defender encontrando segmentos concretos de mercado, ya que abarcar muchos sectores requiere para ser competitivo equipos de trabajo formados constantemente en los cambios legales, métodos de trabajo y herramientas informáticas.

Desde su experiencia, ¿qué haría para mejorar la profesión y su consideración en la sociedad?

También lo tengo claro. Nuestras directivas de las organizaciones colegiales en general y de sus cúpula y juntas de gobierno centrales en

Los alumnos del centro de estudios sociales de Pamplona, reunidos
en Asamblea General Extraordinaria han decidido convocar la sus--
pensión de toda la actividad academica ante la netgtiva radical y
absoluta por parte de la Escuela Social de Zaragoza de dar solu--
ción a nuestras reivindicaciones que fueron igualmente asumidas
por nuestro profesorado en un escrito dirigido a la Direcciºon de
dicha Escuela ante el que igualmente han hecho caso omiso.

Nuestras reivindicaciones están fundamentadas en el Decreto 921/80
que regula nuestras enseñanzas autorizando a que las mismas, sean
impartidas con carácter oficial en centros estatales denominados
Escuelas sociales y en Centros no Estatales autorizados como es
el caso de Pamplona.

El mencionado decreto en su articulo 7º punto 3º dice: "Los Centros
no Estatales autorizados estarán adscritos a efectos de matricula-
ción y evaluacion final de sus alumnos a una escuela social.

Pensamos que una interpretaci-on flexible de dicho artículo permite
la posibilidad de que los profesores de nuestros centro, ademas
de impartir las asignaturas correspondientes, sean igualmente
aptos para la formulación y posterior calificación tanto de los
exámenes parciales que puedan establecerse como en el caso de
los exámenes finales de cada curso academico, lo cual no estaría
en contradiccion con el posible desplazamiento a estos últimos
de un Tribunal designado por la Escuela Social de Zaragoza a fin
de darles a estas pruebas un mayor rigor y seriedad si cabe.

Creemos igualmente que se da cumplimiento al mencionado artículo
en lo que a evaluación final de sus alumnos se refieremediante
la calificación por parte del profesorado de Zaragoza de las
tesinas de fin de carrera que en última instancia supeditan la
concesión del título de Graduado Social a los alumnos, y a lo
que en ningún momento nos oponemos.

OFIZIALTASUN AKADEMIKOA (1980)

1980 eta 1986 arteko aldia trantsizio aldi erabakigarria izan zen Espainiako gizarte-graduatu lanbidearen historian. Une horretan, ordura arte Lan Ministerioaren mendeko eremu paraunibertsitariora zokoratutako prestakuntzak onarpen akademiko ofiziala lortu zuen, eta unibertsitate sisteman erabat txertatzeko bidea hartu zuen. Nafarroan, urte horiek Iruñeko Gizarte Ikasketen Mintegia finkatzea ekarri zuten, bai eta autonomia akademiko eta administratiborik ezaren ondorioz hura desagerraraztera eramanen zuten tentsioen hasiera ere.

Gizarte Graduatu ikasketen instituzionalizazio akademikorako urrats erabakigarria 1980ko maiatzaren 3ko 921/1980 Errege Dekretua aldarrikatzearekin batera etorri zen. Dekretu horrek lehenbiziko aldiz arautu zuen modu sistematikoan ikasketa horien antolamendua eta haiek emateaz arduratzen ziren zentroena. Ordura arte, gizarte-graduatuen prestakuntza erabat bazter utzita eduki zuten erakundeek, ez baitzegoen unibertsitate sisteman txertatuta.

Arau berriak, Hezkuntzari buruzko Lege Orokorraren 46. artikulua betez, ikasketa espezializatuen izaera eman zien gizarte eskolei, eta ikasketak lehen zikloko unibertsitate ikasketekin homologatzeko moduko araubide akademikoa ezarri zuen. Hiru ikasturteren ondoren, ikasleek Gizarte Graduatuaren Diplomadun titulua lortzen zuten. Titulu horrek, erabat unibertsitarioa ez izan arren, diploma ofizialen egitura eta sartzeko baldintza berberak zituen.

Aurrerapen hori gorabehera, eutsi egin zitzaion gizarte-eskolek Lan eta Gizarte Segurantza Ministerioarekiko zuten mendekotasun instituzionalari, eta Hezkuntza eta Zientzia Ministerioari ikuskapen akademikorako eskumenak soilik utzi zitzaizkion. 1980ko irailaren 26an onetsitako Ikasketa Planak Espainia osoko prestakuntza bateratu nahi izan zuen, eta curriculum komun bat ezarri zuen. Curriculum horren helburu aitortua «gizarte eta lan arloko teknikariak» prestatzea zen. Plan horren bidez oinarri akademikoa

Iruñeko Gizarte Ikasketen Zentroko ikasleen prentsa-oharra, 1983ko greba zela-eta.

M E M O R I A
====================

Por R.D. 921/1.980 de 3 de Mayo, el antiguo Seminario de Estudios
Sociales de Navarra ha pasado a ser Centro no Estatal de Enseñanzas —
Especializadas de Graduado Social, adscrito a la Escuela Social de —
Zaragoza. Esta denominación ha sido dada por el Ministerio de Univer-
sidades e Investigación.

Requisito previo para obtener la autorización ha sido el cumplimiento de las siguientes condiciones :
1 .- Acreditar la personalidad de los promotores.
2 .- Acreditar el nº de puestos escolares.
3 .- Indicar la localización e instalaciones existentes o proyec-
tadas.
4 .- Determinar la plantilla del profesorado.
5 .- Presentar un proyecto de Reglamento Interior.
6 .- Acreditar los recursos económicos con que contará el Centro
incluidas las cuotas a satisfacer por los alumnos.

Con relación a estos puntos, la Asociación de Alumnos del Centro
quiere exponer lo siguiente :
1 .- Personalidad de los promotores :
En el Centro se nos ha informado que el promotor es la Organización Sindical pero tenemos dudas al respecto ya que dicha —
Organización está extinguida y por tanto no tiene capacidad —
jurídica.
Nosotros pensamos que el promotor es el Director del Centro.

2 .- Nº de puestos escolares :
Actualmente el nº de alumnos matriculados es de 228
Curso de acceso .... ..
"   1º   ....
"   2º   ....
"   3º   ....
Del total de alumnos ...... son trabajadores, lo que supone —
el ..... %
A partir del curso 80-81 el incremento de alumnos ha sido de ..
..... dándose una situación de alza en los Estudios de Graduado
Social a nivel de Navarra.

Los Estudios constan de las siguientes asignaturas:
- Curso de Acceso : - Matemáticas
                    - Lengua y Literatura
                    - Historia
                    - Geografía Política y Económica

- 1er Curso   : - Introducción al Derecho
                    - Historia Social del Trabajo
                    - Economía
                    - Derecho del Trabajo I
                    - Organización de Empresas y Administra-
                      ción de Personal
                    - Sociología

- 2º Curso   : - Derecho del Trabajo II
                    - Seguridad Social
                    - Estructura Económica de España
                    - Derecho Sindical
                    - Cooperación
                    - Contabilidad

- 3er Curso   : - Seguridad e Higiene en el Trabajo
                    - Derecho Administrativo
                    - Relaciones Industriales
                    - Derecho Procesal Laboral
                    - Prácticas de Seguridad Social
                    - Estadística

Para obtener el título de Graduado Social, equivalente a diplomado Universitario, es necesario superar las pruebas de —
Reválida o en su lugar presentar y superar un trabajo de Fin
de Carrera (Tesina)
Los programas de las asignaturas vienen impuestos de Zaragoza
no pudiendo los profesores del Centro modificarlos ni introducir temas importantes que afecten a Navarra como Comunidad —
Autónoma (Ej. Derecho Foral etc.)
En los distintos cursos se realizan exámenes parciales no liberatorios, siendo el examen final impuesto y evaluado por los
profesores de Zaragoza.

A este respecto hemos manifestado en repetidas ocasiones
nuestra postura opuesta a tal sistema, ya que creemos que
nuestra postura opuesta el punto de vista docente como pedagógico es
tanto desde el punto de vista docente como pedagógico es
negativo.
Creemos que quienes deben evaluar los exámenes (por tanto
los parciales serían liberatorios) son los profesores que
nos imparten las asignaturas ya que se les exige la misma
titulación que a los de la Escuela Social de Zaragoza y -
conocen las características de sus alumnos y su rendimien-
to durante el curso.
En este sentido pensamos que estamos discriminados con —
respecto al resto de alumnos oficiales de otras escuelas
y aún de otros centros no estatales.

3 .- Instalaciones existentes:
El Centro tiene su domicilio en C/ Iturralde y Suit s/n.
en los locales de la antigua Escuela Sindical.
Estos locales son Patrimonio Sindical y por lo tanto perte-
necen al Ministerio de Trabajo y Seguridad Social que los -
cede para realizar estos estudios.
Actualmente y debido a la gran afluencia de alumnos en los
últimos años los citados locales resultan pequeños.

4 .- Plantilla de profesores:
Todos ellos reúnen las condiciones exigidas en el R.D. 921/80
en su artículo 8.1
No han sido contratados por oposición.

5 .- Reglamento de Régimen Interior:
Ha sido elaborado exclusivamente por el Director del Centro
sin consultar en ningún momento con los representantes de -
los alumnos.

6 .- Recursos económicos: - Tasas académicas
                           - Subvención de Diputación F. de Navarra
- Las tasas académicas satisfechas por cada alumno en el —
curso 83-84 han ascendido a 20.000 Pts. y por los alumnos
miembros de familia numerosa a 15.000 Pts.
- En el caso de que en este curso no haya subvención de la

Diputación Foral de Navarra, las tasas se incrementarán
en 5.000 pts. por alumno.

Por todo lo expuesto, necesitamos saber la posición de Diputación
Foral de Navarra sobre nuestro Centro, así como de la posible creación de una Universidad Pública en Navarra de cara a plantear en el
futuro nuestra dependencia de la Escuela Social de Zaragoza o de la
citada Diputación Foral de Navarra en base al artículo 46 de la Ley
de Amejoramiento del Fuero.

Zaragozako Gizarte
Eskolari atxikitako
Gizarte Graduatuen
Ikasketa Espezializatuen
Estatuaz Kanpoko
Ikastetxearen memoria
(1983).

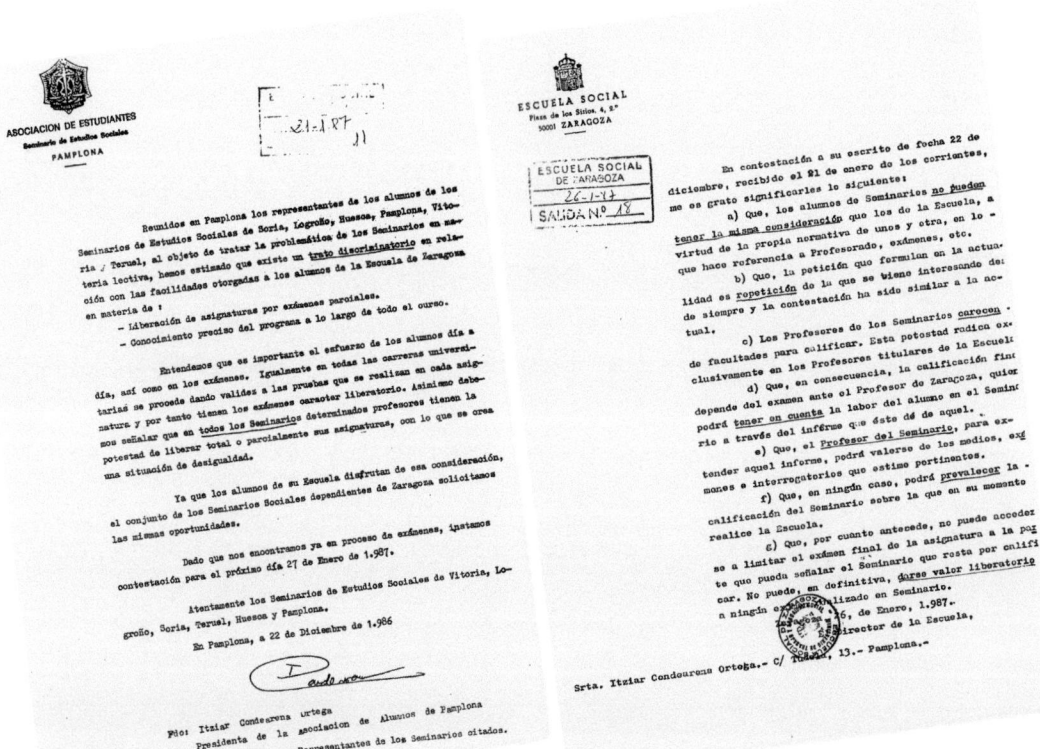

Iruñeko Gizarte Ikasketen Mintegiko Ikasleen Elkartearen aldarrikapenak (1986).

ezarri zen, eta unibertsitate prestakuntzarako trantsizioa hura oinarri hartuta gauzatu zen. Plan horren diseinua komuna eta derrigorrezkoa izan zen Estatuko gizarte-eskola guztientzat, eta ez zen tokian tokiko irakasgai espezifikoak sartzeko inolako aukerarik eman.

Araudi berriari esker, Unibertsitate eta Ikerketa Ministerioak Gizarte Graduko Irakaskuntza Espezializatuko Zentro ez-estatal gisa aitortu zuen Iruñeko Gizarte Ikasketen Mintegia. Hala ere, ofizialtasun horrek ez zuen haren independentziarik ekarri. Aitzitik, Mintegia Zaragozako Gizarte Graduatuen Eskolari atxikita gelditu zen hierarkikoki, matrikularen, azterketen eta tituluak ematearen ondorioetarako.

1980-1981 ikasturtetik aurrera, Iruñeko Gizarte Ikasketen Mintegiak igoera nabarmena izan zuen matrikulatutako ikasleen kopuruan: 228 ikasle izatera iritsi zen, horietatik 189 sarrera-ikasmailakoak. Kalkuluen arabera, ikasleen % 66 inguru jarduneko langileak ziren; horrek ordura arte ikastegiaren ezaugarri izan ziren lanbide eta lan sustapeneko izaera berretsi zituen.

Ikasketa-plana, Gizarte Graduatu titulua ematen zuena, honela egituratu zen: sarrera-ikasmaila bat, eta ondoren beste hiru ikasmaila. Irakasgaiek gai ugari jorratzen

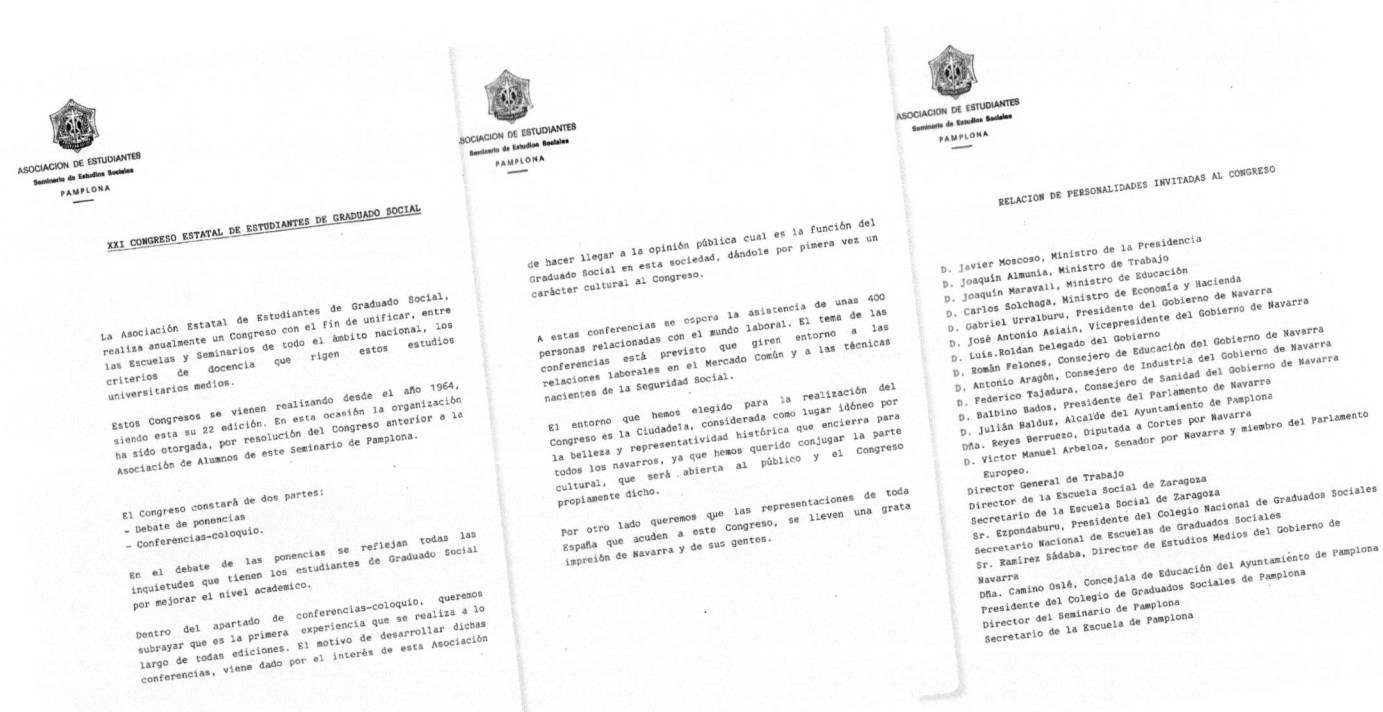

Gizarte Graduatuaren ikasketetako ikasleen Estatuko XXI. Biltzarra. Aurkezpena.

Iruñeko Gizarte Ikasketen Mintegiaren egoitza, González Tablas kalean.

zituzten, besteak beste, Lan Zuzenbidea, Gizarte Segurantza, Ekonomia, Gizarte Historia, Espainiako Estatuaren Antolaketa eta Estatistika. Zaragozako Gizarte Graduatuen Eskolak finkatzen zituen programa ofizialak, eta horrek Nafarroako irakasleei Nafarroako Foru Zuzenbideko edukiak aldatzea edo sartzea eragozten zien, behin eta berriz eraginez horren aurkako kritikak.

Irakasleei dagokienez, nahiz eta oposizio lehiaketa bidez kontratatuak ez izan, irakasle guztiek betetzen zituzten 921/1980 Errege Dekretuan eskatutako titulazio baldintzak, arau berbera baitzegoen indarrean gizarte eskola ofizialetarako ere. Eskola Iturralde y Suit kalean zegoen oraindik, Lan eta Gizarte Segurantza Ministerioak utzitako ondare sindikalaren lokaletan. 1983-1984 ikasturtean, tasa akademikoak 20.000 pezetakoak ziren ikasleko (15.000 familia ugarientzako), eta 5.000 pezetako gehikuntza bat aurreikusten zen Nafarroako Foru Diputazioaren urteko dirulaguntza lortu ezean. Ikasturte horretan, Mintegiak 228 ikasle zituen oraindik ere bertan matrikulatuta. Handik gutxira egoitza Iruñeko González Tablas kaleko 7. zenbakira lekualdatu zen.

Asociación de Estudiantes de Graduado Social

Pamplona - Navarra

Mutual Cyclops

Mutua Patronal de
Accidentes de Trabajo n.º 126

Asociación de Estudiantes de Graduado Social

González Tablas, s/n · Pamplona

Mutual Cyclops

Sangüesa, 6 · Teléfonos 23 05 62 - 24 37 62
Pamplona

Pamplona, Marzo 1986

XXI congreso estatal de estudiantes de graduado social

Jueves, 6 Marzo

D. JOAQUIN NOGUERA DINI
Departamento Técnico Mutual Cyclops

Tratamiento Administrativo del Accidente de Trabajo

Viernes, 7 Marzo

Ilmo. Sr. D. FELIX-FCO. ZAMORA RUIZ
Presidente del Ilustre Colegio Oficial
de Graduados Sociales de Madrid

D. PEDRO ROMON FERNANDEZ
Graduado Social

**Relaciones Laborales
y Seguridad Social en la
Comunidad Económica Europea**

Sábado, 8 Marzo

M.ª JESUS ZABALETA ITURBE
Asesor de Relaciones Institucionales
de la Secretaría General Técnica
de la Caja Laboral Popular

La Experiencia Cooperativa en Mondragón

Lugar:
SALA DE MIXTOS DE LA CIUDADELA
DE PAMPLONA

Hora:
7,30 de la tarde

Gizarte Graduatuaren
ikasketetako ikasleen
Estatuko XXI. Biltzarra.
Programa.

Zaragozako Gizarte
Graduatuen
Unibertsitate Eskolak
emandako Gizarte
Graduatuaren diploma,
María Mercedes
Langarica andrearena.

1980ko hamarkadaren erdialdean, Mintegiak bere historiako krisi sakonenetariko bat bizi izan zuen, Zaragozako Eskolak ezarritako ebaluazio sistemaren eraginez. Azterketa partzialak Iruñean egin zitezkeen arren, azken azterketak Zaragozako irakasleek soilik prestatu eta zuzentzen zituzten; horrek gero eta haserre handiagoa sortu zuen ikastegiko ikasleen eta irakasleen artean. Bi kolektiboek 921/1980 Errege Dekretua malguago aplikatzea eskatzen zuten beren aldarrikapenetan, Mintegiko irakasleek aukera izan zezaten beren irakasgaietako azken azterketak formulatzeko eta kalifikatzeko, eta azterketa partzialetako gaiak gaind, itutzat emateko. Argudiatzen zutenez, indarrean zegoen sistema desegokia zen ikuspegi pedagogikotik; izan ere, ikasleei zuzenean irakasten ez zieten irakasleek egindako ebaluazioak gatazkak, motibaziorik eza eta beste ikastegi ofizial eta pribatu batzuekiko konparaziozko bidegabekeria sentsazioa eragiten zituzten, azken horiek autonomia handiagoa baitzuten. Era berean, irakasleek programak Nafa-

rroako errealitatera egokitzeko eskumen akademikoa eskatzen zuten, garrantzi berezia duten gaiak barne, besteak beste arestian aipatutako Foru zuzenbidea. Egoera «kontraesan umiliagarritzat» hartzen zuten, Mintegiko irakasleei Zaragozakoei eskatzen zitzaien titulazio bera eskatzen zitzaielako, baina ez zitzaizkielako eskuduntza akademiko berdinak ematen. Hala eta guztiz ere, ikasleak ez zeuden titulua lortzeko ezinbestean egin beharreko karrera amaierako tesinen ebaluazioak Zaragozako irakasleen ardurapean jarraitzearen aurka.

1983 eta 1987 artean, egoera horrek ikasleen hainbat protesta ekarri zituen, batzuetan eskolak bertan behera uztea barne. Ondoren ikusiko dugun moduan, hiru alderdi hauen ingurukoak ziren erreklamazio nagusiak: Zaragozak emandako ezezkoa azterketa partzialetako gaiak gainditutzat emateko aukerari, azken azterketak kanpoko irakasleek zuzentzea, eta tokiko edukiak curriculum ofizialean sartzeko baimenik ez izatea.

Zaragozako Gizarte Graduatuen Unibertsitate Eskolaren menpeko Iruñeko Gizarte Ikasketen Mintegiaren 1984-1985eko promozioaren orla.

UNIBERTSITATEAN INTEGRATZEA ETA MINTEGIAREN DESAGERPENA (1986-1993)

Laurogeiko hamarkadaren bigarren erdian, Espainian Gizarte Graduko ikasketak unibertsitateetan integratzea inflexio-puntu erabakigarria izan zen, bai hezkuntzaren ikuspegitik, bai ikuspegi profesionaletik ere. Ikasketa horiek unibertsitate sisteman erabat txertatu zirenean amaitu zen prozesu hori, eta lanbidearen sendotze akademikorako urrats sendoa izan zen, baina prestakuntza-egitura tradizionalak desagertzea ere ekarri zuen; horien artean Iruñeko Gizarte Ikasketen Mintegia.

Bultzada erabakigarria 1986ko ekainaren 13ko 1524/1986 Errege Dekretua onetsi zenean iritsi zen. Dekretu horren bidez, Gizarte Graduko ikasketak unibertsitate esparruan erabat txertatzea xedatu zen, eta Gizarte Graduatuaren Diplomadun tituluari unibertsitate balio ofiziala eman zitzaion. Unibertsitatea Erreformatzeko Lege Organikoa (11/1983 LO) garatzeko arau horrek ezartzen zuen gizarte-ikasketetako mintegi zaharrak unibertsitate bati atxikitako unibertsitate eskola bihurtu behar zirela, gehienez ere hiru urteko epean. Hala egin ezean, iraungitzat joko ziren automatikoki. Xedapen horrek erlojupeko lasterketa baten aurrean jarri zuen Iruñeko Mintegia. Unibertsitate egitura propiorik gabe eta oraindik Lan Ministerioaren mende, ikastegiak atxikipena 1989ko ekaina baino lehen lortzeko erronkari ekin zion. Seiehunetik gora ikaslerekin eta ia hogei irakasleko plantillarekin, Mintegia ordurako ongi finkatutako prestakuntza-erreferentea zen, baina legezko eskakizunek haren etorkizuna kolokan jarri zuten.

Irakasleen klaustroak eta ikasleen ordezkariek, egoeraren larritasunaz jabetuta, 1989ko urtarrilaren 25ean idazki formal bat bidali zioten Nafarroako Unibertsitate Publikoko (NUP) errektore Pedro Burillo Lópezi, Mintegia Unibertsitate Eskola gisa atxikitzeko

NUPeko Arrosadiko campusa eraikitzen (1992).

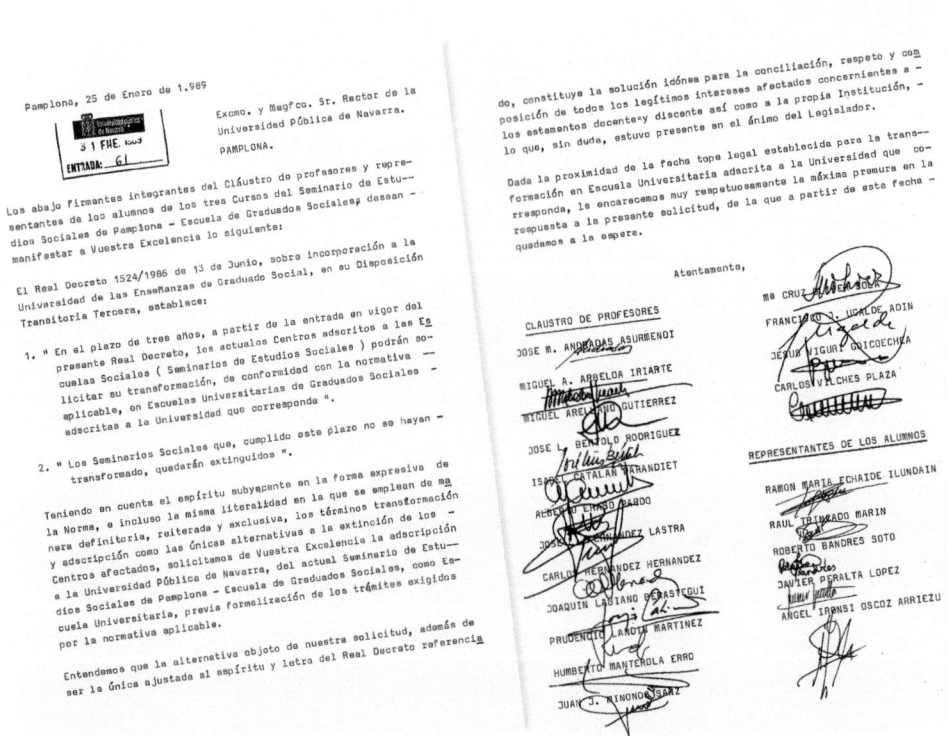

Ikasketen Mintegiko irakasle eta ikasleen eskaera, hura NUPeko Unibertsitate Eskola bihurtzeko (1989).

eskaera eginez. Idazkian azpimarratu zuten «eraldaketa» eta «atxikipena» terminoak zirela Errege Dekretuak onartzen zituen bakarrak, eta, beraz, haien eskaera guztiz bat zetorrela indarrean zegoen legeriarekin. Atxikipenak, ikastegiaren biziraupena ahalbidetzeaz gain, «ukitutako bidezko interes guztien errespetua eta osaera» bateratzen zituela argudiatu zuten: ikasleenak, irakasleenak eta unibertsitate-erakundearenak berarenak. Legezko epea amaitzear zenez, premiaz erantzuteko eskatu zuten.

NUPeko erakunde kudeatzailearen??? Batzorde Iraunkorrak 1989ko otsailaren 1ean aztertu zuen eskaera, eta egun batzuk geroago, otsailaren 7an, argitaratu zen errektorearen erantzun ofiziala. Dokumentuak unibertsitatera atxikitzeko aukera baztertzen ez bazuen ere, konplexuak eta betetzeko zailak ziren zenbait baldintza ezartzen zituen. Mintegia Unibertsitate Eskola bihurtzeko prozesua hiru instantziatan izapidetu behar zen unibertsitatearekin atxikipenerako hitzarmena negoziatzen hasi aurretik: Unibertsitate Kontseiluan, Nafarroako Autonomia Komunitatean eta Hezkuntza eta Zientzia Ministerioan. Hitzarmen hori, gainera, NUPeko Gobernu Batzordearen irizpidearen mende jarri behar zen, eta hertsiki egokitu behar zen erakundearen Behin-behineko Estatutu Araue-

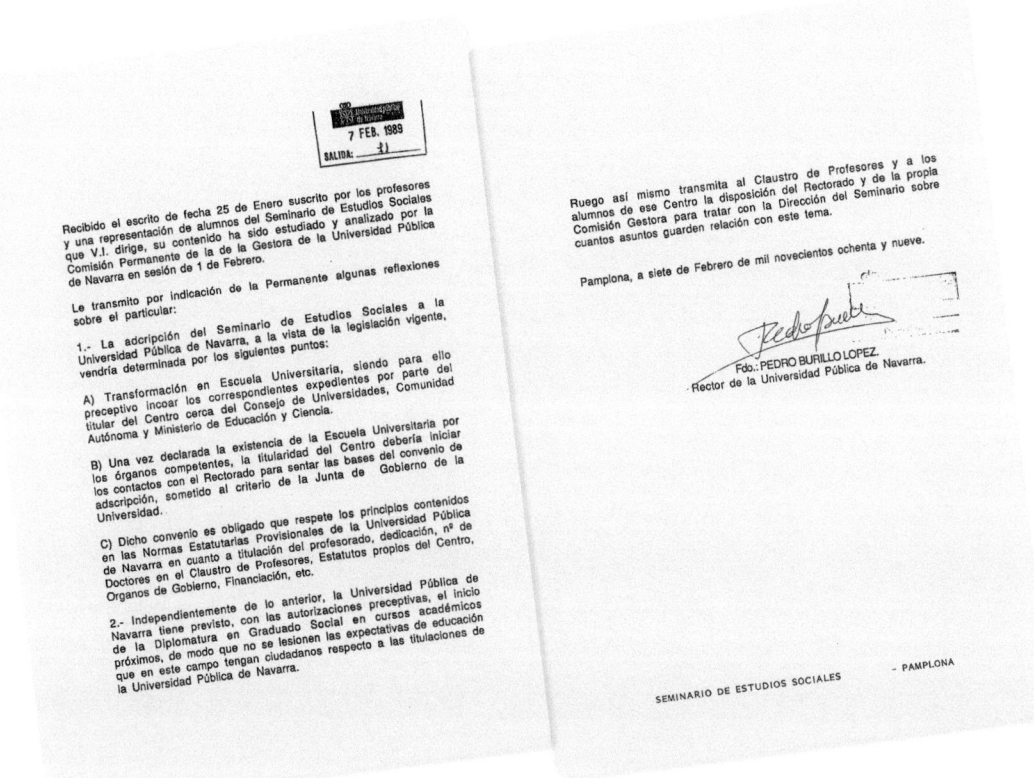

Recibido el escrito de fecha 25 de Enero suscrito por los profesores y una representación de alumnos del Seminario de Estudios Sociales que V.I. dirige, su contenido ha sido estudiado y analizado por la Comisión Permanente de la de la Gestora de la Universidad Pública de Navarra en sesión de 1 de Febrero.

Le transmito por indicación de la Permanente algunas reflexiones sobre el particular:

1.- La adscripción del Seminario de Estudios Sociales a la Universidad Pública de Navarra, a la vista de la legislación vigente, vendría determinada por los siguientes puntos:

A) Transformación en Escuela Universitaria, siendo para ello preceptivo incoar los correspondientes expedientes por parte del titular del Centro cerca del Consejo de Universidades, Comunidad Autónoma y Ministerio de Educación y Ciencia.

B) Una vez declarada la existencia de la Escuela Universitaria por los órganos competentes, la titularidad del Centro debería iniciar los contactos con el Rectorado para sentar las bases del convenio de adscripción, sometido al criterio de la Junta de Gobierno de la Universidad.

C) Dicho convenio es obligado que respete los principios contenidos en las Normas Estatutarias Provisionales de la Universidad Pública de Navarra en cuanto a titulación del profesorado, dedicación, nº de Doctores en el Claustro de Profesores, Estatutos propios del Centro, Organos de Gobierno, Financiación, etc.

2.- Independientemente de lo anterior, la Universidad Pública de Navarra tiene previsto, con las autorizaciones preceptivas, el inicio de la Diplomatura en Graduado Social en cursos académicos próximos, de modo que no se lesionen las expectativas de educación que en este campo tengan ciudadanos respecto a las titulaciones de la Universidad Pública de Navarra.

Ruego así mismo transmita al Claustro de Profesores y a los alumnos de ese Centro la disposición del Rectorado y de la propia Comisión Gestora para tratar con la Dirección del Seminario sobre cuantos asuntos guarden relación con este tema.

Pamplona, a siete de Febrero de mil novecientos ochenta y nueve.

Fdo.: PEDRO BURILLO LOPEZ.
Rector de la Universidad Pública de Navarra.

SEMINARIO DE ESTUDIOS SOCIALES   - PAMPLONA

NUPeko errektoreak irakasleen eta ikasleen eskaerari emandako erantzuna (1989).

tara, arau horiek irakasleen titulazioari eta dedikazioari, doktore-kopuruari, gobernu-egiturari eta finantzaketari buruzko baldintza zorrotzak ezartzen baitzituzten.

Errektorearen erantzunak, ordea, informazio erabakigarria zekarren: NUPek Gizarte Graduatuaren Diploma berekia ezartzea erabaki zuen, ikasketa-plan eta irakasle propioekin, eta 1989-1990 ikasturtean hastekoa zuen lehen ikasmaila. Erabaki hori 1989ko azaroaren 21eko BOEn argitaratu zen, eta agerian utzi zuen titulazioaren etorkizuna unibertsitate publikoaren eskutik etorriko zela Nafarroan, eta ez Mintegiaren integraziotik.

Albisteak berehalako erreakzioa eragin zuen ikastegian. 1989ko otsailaren 24an, irakasle eta ikasleek greba mugagaberako deia egin zuten, eta jarduera akademiko oro bertan behera utzi zuten bidegabe eta begirunerik gabekotzat jotzen zuten erabakiaren aurka protesta egiteko. Bigarren eta hirugarren ikasmailako ikasleentzat, Mintegia desagertzeak ikasketak amaitzera Zaragozara joan behar izatea zekarren, eta horrek kalte ekonomiko eta pertsonalak eragiten zizkien. Irakasleek, bestalde, «berriro hutsetik hasteko» saiakeratzat hartu zuten neurria, ez baitziren aintzat hartzen, ez

CONVENIO ENTRE LA UNIVERSIDAD PUBLICA DE NAVARRA Y EL COLEGIO OFICIAL DE GRADUADOS SOCIALES DE NAVARRA PARA LA CREACIÓN Y FUNCIONAMIENTO DE LA ESCUELA DE PRÁCTICA LABORAL ASI COMO PARA LA COLABORACIÓN MÚTUA EN OTRAS ACTIVIDADES ACADÉMICAS Y PROFESIONALES.

Pamplona 1992

La incorporación a la Universidad Pública de Navarra de las enseñanzas de Graduado Social y la decisión de su Comisión Gestora de que aquellas se organizasen con entidad propia, en el marco de la Facultad de Ciencias Humanas y Sociales, abren nuevas espectativas y necesidades ante las cuales la Institución académica no puede permanecer inactiva.

Entre ellas, se encuentra la de complementar la formación recibida en las Aulas con unos conocimientos específicamente profesionales, a fin de facilitar la andadura de aquellos titulados que opten por el ejercicio de la profesión de Graduado Social, sin descartar tampoco la tarea de reciclaje y perfeccionamiento permanente para quienes años atrás obtuvieron su titulación. No en vano uno de los fines prioritarios de la Universidad Pública de Navarra consiste en la colaboración con entidades públicas y privadas para promover el desarrollo de cursos de postgrado, especialización y perfeccionamiento (Art. 19. d de sus Normas Estatutarias Provisionales) en el marco de la propia finalidad descrita en su artículo 5.

Por otro lado, el conjunto profesional de los Graduados Sociales radicados en la Comunidad Autónoma de Navarra no es, en absoluto, ajeno a las necesidades que acaban de expresarse. Los popios Estatutos de sus Colegios Oficiales aprobados por R.D. 3.549/77 de 16 de Diciembre atribuyen a estos la función de mantener contacto permanente con los Centros Docentes que imparten las enseñanzas de Graduado Social, así como las de preparar la información necesaria para facilitar el acceso a la vida profesional de los nuevos profesionales o de organizar cursos para la formación profesional de los postgraduados (art. 3 f y r).

Adicionalmente, el elevado número de alumnos que en los últimos años vienen finalizando sus estudios de Graduado Social ha motivado la insuficiencia de los cauces a cuyo través se había facilitado tradicionalmente su inicial contacto con el ejercicio de la profesión y en definitiva el aprendizaje inherente al mismo.

No es aventurado, por tanto, afirmar que, dada la repercusión que en el mundo social posee el ejercicio de la profesión de Graduado Social - al facilitar con la mejor preparación posible el acceso de titulado en Relaciones Laborales - en el futuro más inmediato lo será de titulado en Relaciones Laborales - nuevas promociones a su actividad como tales se está apoyando el desarrollo social y económico, en línea con lo marcado por la Ley de Reforma Universitaria y los Estatutos Provisionales de esta Universidad.

Es por ello que, en tales condiciones, el nacimiento de una Escuela de Práctica Laboral, semejante a las que existen en otras Universidades y Comunidades Autónomas, como fruto de una iniciativa conjunta de las instituciones sobre las que recae la responsabilidad no sólo es símbolo de cooperación, prefiriendo el acuerdo a la iniciativa unilateral, sino que debiera constituir asimismo una solvente garantía para su perdurabilidad y adecuado funcionamiento a fin de que la Unversidad preste servicio también por esta vía a la Sociedad a la que se debe.

En tal confianza, previa la aprobación de sus respectivas Juntas de Gobierno y al amparo de la representación que ostentan, comparecen en Pamplona de una parte el Rector de la Universidad Pública de Navarra, D. Juan García Blasco y, de otra, D. Francisco Javier Duque Alonso, como Presidente del Ilustre Colegio Oficial de Graduados Sociales de Navarra, quienes rubrican el presente Convenio con arreglo a las siguientes,

ESTIPULACIONES:

PRIMERA.- NATURALEZA Y ESTRUCTURA.-

1ª) La Escuela de Práctica Laboral (E.P.L.) es un centro especializado, carente de personalidad jurídica y adscrito orgánicamente a la Universidad Pública de Navarra a través de su Facultad de Ciencias Humanas y Sociales y al Colegio Oficial de Graduados Sociales de Navarra.

2ª) Los fines primordiales de la E.P.L. tienden a facilitar los conocimientos de tipo operativo y práctico necesarios para el mejor ejercicio de la profesión de Graduado Social, complementando la formación de los Estudios de la Titulación, así como atender a las exigencias derivadas de la permanente actualización de los conocimientos de los titulados en Relaciones Laborales.

3ª) El órgano de gobierno ordinario de la E.P.L. viene constituido por su Dirección la cual queda integrada por un Director, nombrado por el Excmo. Sr. Rector previo acuerdo con el Colegio de Graduados Sociales y oído el Decano de la Facultad de Ciencias Humanas y Sociales, de entre alguno de sus Catedráticos de Universidad perteneciente a un área de conocimiento con presencia en la Titulación o, en su defecto, de un Profesor Titular de Universidad, y por un Subdirector nombrado por el Colegio de Graduados Sociales, previo acuerdo con el Rector de la Universidad, de entre los Colegiados ejercientes. Ambas partes se notificarán el nombramiento y cese del cargo nombrado o cesado conforme al mismo procedimiento por cada una de ellas.

4ª) El órgano de gobierno supremo de la E.P.L. es el consejo Rector, cuya composición es la que sigue:

- El Rector de la Universidad, que es su Presidente nato.
- El Presidente del Colegio de Graduados Sociales, que es su Vicepresidente nato.
- El Decano de la Facultad de Ciencias Humanas y Sociales.
- Dos Graduados Sociales, designados por la Junta Directiva de su Colegio.

SEGUNDA: FUNCIONAMIENTO Y RÉGIMEN ECONOMICO

1ª) La E.P.L., tiene su sede en la Facultad de Ciencias Humanas y Sociales de la Universidad Pública de Navarra.

NUPen eta Nafarroako Gizarte Graduatuen Elkargo Ofizialaren arteko hitzarmena, Lan Praktikarako Eskola sortzeko (1992).

2ª) Las funciones administrativas y auxiliares inherentes al funcionamiento de la E.P.L. serán asumidas por el Personal de Administración y Servicios adscrito a la Facultad, bajo la directa supervisión del Director y Secretario de la Escuela.

3ª) La Universidad facilitará los locales necesarios para el desarrollo de las actividades organizadas por la E.P.L., así como el material no inventariable (fotocopias, material de oficina, etc.) necesario al efecto y el servicio de cartería. A efectos presupuestarios, existirá una partida específica a nombre de la E.P.L. o la Facultad de Ciencias Humanas y Sociales habilitará, de entre sus presupuestos las cantidades al efecto.

4ª) El Colegio de Graduados Sociales se obliga a aportar al presupuesto de la Escuela las cantidades anuales que su Junta General acuerde con independencia del origen de dichos fondos, así como su apoyo logístico, y facilitará la comunicación con todos los colegiados.

5ª) Sin perjuicio de las competencias que, conforme a la legislación universitaria, corresponda al Consejo Social de la Universidad, las tasas para cada curso serán aprobadas por el Consejo Rector antes de su inicio, a fin de afrontar los gastos presupuestados. Los ingresos se completarán con subvenciones y ayudas obtenidas de instituciones públicas o privadas así como, en su caso, con otras donaciones y aportaciones que puedan recibirse.

6ª) Sin perjuicio de las competencias que, conforme a la legislación universitaria corresponda al Consejo Social de la Universidad, al inicio de cada curso el Consejo Rector determinará la gratificación que deba abonarse al Profesorado interviniente en las actividades ordinarias de la Escuela.

7ª) Los fondos aportados por la Universidad serán administrados conforme a lo dispuesto en sus normas específicas de gestión, el resto de los ingresos será administrado por el Colegio de Graduados Sociales.

8ª) Por el desempeño del cargo y el cumplimiento de la función, el Director de la Escuela de Práctica Laboral, percibirá una cantidad anual (por curso académico) que determinará en consejo Rector, sin perjuicio de las competencias que, conforme a la Legislación Universitaria, corresponda al Consejo Social de la Universidad. También percibirá una cantidad por el ejercicio de su función el Subdirector y el Secretario de la Escuela.

TERCERA: RÉGIMEN ACADEMICO.-

1ª) Corresponde al Consejo Rector, a propuesta del Director de la Escuela, la programación de las actividades y la organización de un curso general de Práctica Laboral cada año, así como de cursos de especialización, formación, actualización de conocimientos, conferencias, coloquios y otras actividades relacionadas con su finalidad.

2ª) En el curso general podrán matricularse quienes hayan superado todas las asignaturas integrantes del Plan de Estudios de Graduados Sociales, y excepcionalmente los alumnos del último curso de la Titulación. En los restantes cursos y actividades, quienes reunan los requisitos fijados por la Escuela.

3ª) A quienes hayan superado con aprovechamiento el correspondiente curso les será expedido un Diploma acreditativo, conjuntamente respaldado por el Excmo. Sr. Rector y por el Ilmo. Sr. Presidente del Colegio de Graduados Sociales. En el reverso se hará constar el título, duración y contenido del curso. En caso de no superar las correspondientes pruebas, se expedirá un certificado de asistencia.

4ª) El Profesorado para cada Curso será designado, de comun acuerdo, por la Dirección de la Escuela para cada curso concreto, debiendo recaer el nombramiento entre profesionales de reconocido prestigio.

CUARTA: COLABORACION EN OTRAS ACTIVIDADES ACADEMICAS Y PROFESIONALES.-.

1ª) Será a través de la Escuela de Práctica Laboral como tendrá lugar también la realización de prácticas académicas y profesionales integradas de los alumnos del último curso de la Titulación, las cuales sustituirán, en su caso, mientras siga vigente, al trabajo fin de Carrera, debiendo, a tal efecto, los alumnos que las realicen superar los sistemas de evaluación que se fijen. Para ello, el Colegio de Graduados Sociales, sus colegiados ejercientes y los Departamentos de personal en que prestan sus servicios contribuirán con su aportación material y personal a la consecución del objetivo propuesto.

2ª) En el marco de las obligaciones asumidas por la Universidad Pública de Navarra y el Colegio de Graduados Sociales al amparo de este convenio, la primera se compromete a:

a) Solicitar información previa al Colegio para la elaboración y modificación de los planes de estudio de la titulación en Relaciones Laborales.

b) Hacer extensiva a los Graduados Sociales las posibilidades de asistencia a cursos, seminarios, conferencias, etc., organizados por la propia Universidad y que versan sobre materias del ámbito profesional de los mismos.

c) Dar participación en las enseñanzas prácticas de la carrera, siempre que la legislación lo permita, a los titulados en Graduado Social de Navarra, a través de su colegio.

3ª) Con el fin de contribuir también a la preparación técnica de los titulados que pretenden acceder a algunos de los cuerpos de la Administración pública estatal, autonómica o local, tanto la Escuela, como el Colegio de Graduados Sociales, tratarán de articular fórmulas que faciliten a los titulados la preparación de los temarios de los concursos-oposiciones a los que pretendan presentarse. De la misma manera, se establecerán mecanismos para que los titulados universitarios puedan adquirir conocimientos que faciliten el ejercicio de la actividad

---

profesional por cuenta ajena al servicio de empresas u otras instituciones, así como la actividad libre por cuenta propia.

4ª) El colegio de Graduados Sociales de Navarra viene obligado también, a través de su Comisión de Cultura, a la Organización de cursos, conferencias, coloquios, charlas, etc. que se crean convenientes para la formación y perfeccionamiento de los Colegiados, contando, en su caso, para ello con el Profesorado de la Universidad Pública de Navarra.

QUINTA: DURACION DEL CONVENIO.-

El presente Convenio extiende sus efectos al curso académico 1992-1993, prorrogándose tácitamente de año en año siempre que no fuera denunciado, para su revisión o extinción, por cualquiera de las partes con tres meses de antelación.

Pamplona, a 18 de junio de 1992

JUAN GARCIA PLAF
RECTOR.

hogeita hamar urtetik gorako irakaskuntza-jarduna, ezta metatutako esperientzia profesionala ere.

Nafarroako Gobernuak, Hezkuntza kontseilari Román Felonesen bitartez, 1989ko martxoaren 17an esku hartu zuen gatazkan, eta publikoki adierazi zuen Foru Gobernuak Gizarte Graduatuaren Diploma berria NUPen erabat integratzea nahi zuela. Horrek alde batera uzten zuen lehen ikasmaila Mintegian emateko aukera. Felonesek eskola atxikita mantentzea legezkoa zela onartzen zuen arren, iraunaraztea ez zela desiragarria iritzi zion. Horrela, Gobernuak jarrera subsidiarioa hartu zuen, gogora ekarriz Mintegiaren titulartasuna Lan Ministerioari zegokiola, eta berme akademikoa, berriz, Hezkuntza eta Zientzia Ministerioari, Zaragozako Unibertsitatearen bitartez. Haren helburu aitortua trantsizio ordenatu bat ziurtatzea izan zen, nahiz eta bere jarrera ikastegia abandonatzea bezala interpretatu zen beste sektore batzuetan.

Ahots kritikoen artean, Gregorio Monreal Zia Eusko Alkartasunaren Nafarroako Parlamentuko bozeramailearena nabarmendu zen; Gobernuak Mintegiaren «iraungitze argi eta garbiaren» alde egin zuela salatu zuen, alternatiba bideragarririk aztertu gabe, nahiz eta, haren hitzetan, unibertsitatera atxikitzea irtenbide legezkoa eta guztiz egingarria izan. Foru Gobernuak, nolanahi ere, lokalak Lan Ministerioari uzteko konpromisoa hartu zuen, bai eta dirulaguntzak bermatzekoa ere, horretarako beharra justifikatzen bazen.

Mintegiaren defendatzaileen iritziz, Forua Hobetzeari buruzko Legearen 47. artikuluan aurkitu behar zen irtenbidea, Nafarroari eskumen osoak ematen baitzizkion irakas-

kuntza-arloan, eta haien ustez, Foru Gobernua gaitzen baitzuen ikastegia mantentzeko eta eraldatzeko. Hala ere, amaiera saihetsezina izan zen: 1989an, Iruñeko Gizarte Ikasketen Mintegiak bere jarduera behin betiko eten zuen, Lan Ministerioari lotutako hiru hamarkadako irakaskuntza-ibilbideari amaiera emanez. Mintegia desagertzearekin batera, Nafarroan lan arloko heziketan aitzindaria izan zen etapa bat itxi zen, eta beste berri bat ireki: Lan Harremanen unibertsitate ikasketa arautuarena, oraingoan Nafarroako Unibertsitate Publikoan erabat integratuta.

Bestalde, Jesús Viguri buru zuen Mintegiko zuzendaritzak zenbait harreman izan zituen NUPekin, mintegia unibertsitate sisteman sartzea lortzeko azken ahaleginean.

Iruñeko Gizarte Ikasketen Mintegia 1993an iraungi zen behin betiko, jarduerarik gabeko eta emaitza hutsaleko kudeaketa-aldi labur baten ondoren. Bitartean, Nafarroako Unibertsitate Publikoak bere bideari ekin zion. 1989-1990 ikasturtean Gizarte Graduatuaren Diploma irakasten hasi zen, eta lehen promozioak 1992an amaitu zituen ikasketak, Mintegia formalki desagertu baino urtebete eskas lehenago. Horrela, aurreko eredu instituzional eta akademikoa erabat ordezkatu zen, eta gizarte eta lan arloko prestakuntzaren jarraipena ziurtatu zen, esparru erabat unibertsitario batean.

Gaur egun, trantsizio horren testigantza material bakarra mintegiaren emaitza den dokumentazioa da −NUPeko Artxibo Orokorrean gordetako sei kutxa inguru−. Espediente akademikoak eta kalifikazio aktak, berriz, Zaragozako Unibertsitatean gordeta daude.

NUPEKO LAN HARREMANETAKO DIPLOMA ETA UNIBERTSITATEAK ELKARGOAREKIN DUEN ALIANTZA ESTRATEGIKOA

Nafarroako Unibertsitate Publikoan Lan Harremanetako Diploma sortzearekin batera, Gizarte Graduatuaren ikasketak erabat integratu ziren Nafarroako unibertsitate eremuan, eta, hala, prestakuntza-etapa independente berri bat hasi zen.

1987ko azaroaren 27ko 1497/1987 Errege Dekretuak unibertsitateei eman zien Lan Harremanetako ikasketen eskumena, beren autonomia erabiliz beren zentroetan eman behar zituzten ikasketa-planak idatz zitzaten. Ondoren, 1990eko urriaren 26ko 1429/1990 Errege Dekretuaren bidez, «Lan Harremanetako diploma» unibertsitate titulua ezarri zen, eta titulu hori lortzera bideratutako ikasketa-planek bete behar zituzten jarraibide orokor propioak eman ziren.

Aurreratu dugunez, Gizarte Graduatuaren Diplomaren lehen ikasmaila 1989an eman zen, eta ikasleen artean David Delgado Ramos zegoen, Elkargoko egungo dekanoa. Lehenbiziko promozioak 1992an amaitu zituen ikasketak. Urte horretan bertan, NUPen eta Nafarroako Gizarte Graduatuen Elkargo Ofizialaren arteko hitzarmena sinatu zen Lan Arloko Praktikarako Eskola sortzeko eta haren funtzionamendua antolatzeko, bai eta beste jarduera akademiko profesional batzuetan lankidetzan aritzeko ere. Aurreko ikasturtean Zuzenbideko Lizentziaren ikasketak hasi ziren. Hala, hiru urtez, Gizarte Graduatuaren Diploma izan zen NUPen eduki juridikoa ematen zuen titulazio bakarra. Diplomaren kudeaketa, hasiera batean, Giza eta Gizarte Zientzien Fakultateari egokitu zitzaion, harik eta 2007an Zientzia Juridikoen Fakultatea sortu zen arte.

Zuzenbide, Ekonomia, Psikologia eta Enpresen Kudeaketa sailetako zenbait irakaslek irakatsi zuten diploman. Horrez gain, jarduneko gizarte-graduatu batzuek parte-hartze nabarmena izan zuten ikasketa horiek ematen, hala nola González Cantalapiedra irakasleak.

Halaber, hasiera-hasieratik, kanpoko profesionalak ere aritu ziren diploman irakasle, besteak beste abokatutzaren eta lan ikuskaritzaren esparruetakoak. Titulazioan izan zuten inplikazioagatik, aipatzekoa da Ángel Moreno, Valentín Velasco eta Luis Pérez Capitán irakasleen parte-hartzea.

Nafarroako Unibertsitate Publikoak ere funtsezko zeregina izan du gizarte-graduatuen etengabeko prestakuntzan, haien elkargo profesionalarekin lankidetza estuan. Ikasketa horiek unibertsitate esparruan integratu ziren lehenbiziko urteetatik, bi erakundeek uste bera partekatu zuten: prestakuntza teknikoa etengabe aldatzen ari den inguru-ne juridiko eta laboralaren eskakizunei erantzuteko gai izanen den prestakuntza praktiko eta eguneratuarekin osatu behar dela. 2002an, Nafarroako Gizarte Gradua-tuen Elkargo Ofizialak eta NUPek beste lankidetza-hitzarmen bat sinatu zuten, eta hitzarmen horren ondorioz Gizarte eta Lan Arloko Prestakuntzarako eta Praktikarako Nafarroako Eskola jarri zen martxan, egu-neratze teknikoa, hobekuntza profesionala eta Unibertsitatearen eta jardun profesio-nalaren arteko esperientzien trukea susta-tzeko tresna gisa sortua. Eskola horren barnean, Lanaren Zuzenbideari eta Gizarte Segurantzari buruzko legeetan eguneratzeko ikastaroak antolatu ziren, bai eta Lan

Lan Harremanetako zuzendarien eta Gizarte Graduatuen dekanoen jardunaldia (NUP, 1999). Erdian, Concha de Pablo Romero.

Arloko Praktika Prozesalari buruzko ikastaroaren edizio ugari ere. Ikastaro horiek Gizarte Arloko epaile eta magistratuek eman zituzten oso-osorik, eta haien parte-hartzeak na-barmen lagundu zuen Nafarroako gizarte-graduatuen profil teknikoa eta prozesala in-dartzen.

Lankidetza-eredu horren jatorria, ordea, 1991koa da. Urte hartan, Nafarroako Gizarte Graduatuen Elkargo Ofizialaren eta Nafarroako Unibertsitate Publikoaren arteko lehen hitzarmena sinatu zen, eta Lan Arloko Praktikarako Eskola sortzeko oinarriak ezarri ziren hartan. Hasiera batean Industria Harremanen eta Lan Arloko Praktikaren Eskola izena eman zitzaion proiektu horri, eta unibertsitateko prestakuntzari jarraitutasun praktikoa eta espezializazioa ematea zuen helburu. Lan Arloko Praktikarako Eskolak nortasun juridiko propiorik ez zuen arren, organikoki NUPeko Giza eta Gizarte Zientzien

Fakultateari atxiki zitzaion, eta Gizarte Graduatuen Elkargo Ofizialarekin lankidetza instituzionalean jarduten zuen. Lan Harremanetako tituludunei eta gizarte-graduatuei prestakuntza operatiboa eta praktikoa ematea zuen helburu nagusi, bai eta lanbide-eremu horretako etengabe eguneratu beharrari erantzutea ere, hari buruzko legeak etengabe aldatzen baitira.

Eskolaren gobernu-egituran zuzendari bat eta zuzendariorde bat zeuden. Zuzendaria Unibertsitateko errektoreak izendatzen zuen, Elkargoak onetsi ondoren, eta Jorge Nieto Vázquez katedraduna izendatu zuen zuzendari, 1992ko urriaren 30eko 571/92 Ebazpenaren arabera. Zuzendariordea Elkargoak izendatzen zuen, errektorearen onespenarekin, jarduneko elkargokideen artetik; lehen titularra Pedro M.ª Úcar Ayerra izan zen, eta Concha de Pablo Romero, berriz, idazkari nagusi.

Gizarte Graduatuen Elkargo Ofizialak elkargokideen edo profesional espezializatuen bidez eskola praktikoak emateko konpromisoa hartu zuen, bai eta Elkargoko jarduerak –hitzaldiak, mintegiak eta ikastaroak– unibertsitateko diplomako ikasleei irekitzekoa ere. Bestalde, NUPek ikasketa-planak aldatu aurretik Elkargoari kontsulta egiteko konpromisoa hartu zuen, eta irakaskuntza praktikoak bien artean antolatzekoa, irakaskuntza akademikoaren eta errealitate profesionalaren arteko benetako integrazioa bermatzeko.

Lan Arloko Praktikarako Eskolak 1992-1993 ikasturterako diseinatutako jarduera-programak, hasieratik utzi zuen

agerian aplikatua eta lanbide-kualifikazioaren etengabeko hobekuntzara bideratua izanen zela. Ikastaroak gizarte-graduatu kolegiatu eta jardunekoei zein unibertsitateko diplomako ikasleei zuzenduta zeuden, eta gizarte eta lan arloko gai garrantzitsuenak jorratzen ziren haietan. Ikasturte horretan, Lan Arloko Praktikarako Eskolaren programazioak argi eta garbi islatu zuen prestakuntza aplikatua eta lanbide-hobekuntzara bideratuta zegoela. Antolatutako jarduerek bi helburu zituzten: batetik, gizarte-graduatu kolegiatu eta jardunekoei beren ezagutzak eguneratzeko bide eraginkor bat eskaintzea, eta, bestetik, diplomako ikasleak lanbide-jardunaren eguneroko errealitatera hurbiltzea.

Asmo handieneko proposamenen artean, Europar Batasuneko Zuzenbideari eta Laguntzei buruzko Ikastaroa nabarmendu zen, 200 eskola-ordukoa eta INEMek eta Europako Gizarte Funtsak finantzatua. Ikastaro horretan, zeina doakoa izan baitzen

Gizarte eta Lan Arloko Prestakuntzarako eta Praktikarako Nafarroako Eskolaren VI. lan astea (NUP, 2004).

Nafarroako Unibertsitate Publikoko Gizarte Graduatuen I. promozioaren orla (1989-1992ko promozioa).

eta ikaspostu kopuru mugatua baitzuen –hamabost guztira–, Europako integrazioaren testuinguruan gaurkotasun handia zuten gaiak jorratu zituzten. Ikastaroaren saioetan, erkidegoa eraikitzeko prozesua, Europar Batasunaren ordenamendu juridikoa eta trata- tuetan aitortutako oinarrizko askatasunak aztertu zituzten, eta arreta berezia eman zioten langileen zirkulazio askeari. Ekimen aitzindaria izan zen Nafarroan, eta, haren bidez, gizarte-graduatuak pixkanaka-pixkanaka Lan Zuzenbidea europartzearekin batera zetozen arau eta ekonomia aldaketetara egokitu ziren.

Programa horrekin batera, jarduera profesionalaren alderdi operatiboetan eragin zuzena zuten bi ikastaro praktiko eskaini ziren. Lan Zuzenbideari buruzko Ikastaro Prak-

tikoak (40 ordukoa eta diplomadunei eta elkargokideei zuzendua) lan arloko egune-roko kudeaketetarako trebetasun zehatzak ematea izan zuen helburu: enpresak erakunde eskudunetan inskribatzea, indarreko kontra-tu-modalitateak aplikatzea, nominak eta kitapenak egitea edo Lan Ikuskaritzaren aurrean jardutea. Aldi berean, Gizarte Segu-rantzari buruzko Ikastaro Praktikoak (40 ordukoa hori ere) gai hauek jorratu zituen modu sistematikoan: erregimen orokorrak eta bereziak, kotizazioa eta kuota-bilketa, eta sistemaren prestazio garrantzitsuenen azterketa zehatza (besteak beste, osasun-la-guntza, ezintasuna, erretiroa edo langabezia). Bi ikastaroek 50.000 pezetako kostua zuten

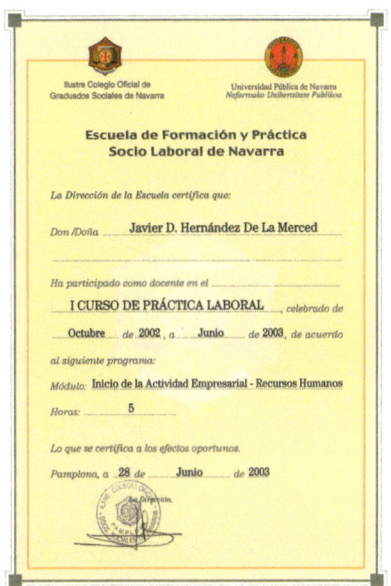

Gizarte eta Lan Arloko Prestakuntzarako eta Praktikarako Nafarroako Eskolako diploma (2003).

NUPeko lehenbiziko promozioko Gizarte Graduatuaren Diploma, David Delgado Ramos jaunarena.

matrikula bakoitzeko, eta prestakuntza trinkoa eskaintzen zuten, lanbidean zuzenean aplikatzekoa.

Azkenik, Gizarte Graduatuen Diplomako Ikasleentzako Praktiken Ikastaroa bultzatu zuen Eskolak, 70 ordukoa. Programa hori karrera-amaierako lanaren alternatiba gisa sortu zen, eta haren helburua prestakuntzakoa zen batez ere: lan-munduko benetako arazoetara eta arazoak konpontzeko teknika praktikoetara hurbiltzea ikasleak. Haren edukia titulazioaren jakintza-arlo nagusien artean banatzen zen −Lanaren Zuzenbidea, Gizarte Segurantza, Zuzenbide Sindikala, Lan Prozedura eta Giza Baliabideen Kudeaketa−, prestakuntza integrala eta aplikatua bermatzeko.

Programazio horren bidez, Lan Arloko Praktikarako Eskolak unibertsitateko teoriaren eta praktika profesionalaren arteko topagune bat egituratzea lortu zuen, eta

Nafarroako Unibertsitate Publikoaren eta Gizarte Graduatuen Elkargo Ofizialaren arteko lotura indartu zuen. Ekimenak ikasleen eta elkargokideen prestakuntza aberastu zuen, eta komunitate profesional kohesionatu bat finkatzen lagundu zuen, zerbitzu bokazio argia eta etengabe hobetzeko grina zuena.

Integrazio akademikoko prozesua Nafarroako Unibertsitate Publikoan osorik prestatutako gizarte-graduatuen lehenbiziko promozioarekin amaitu zen: 180 egresatuk ospatu zuten diploma amaierako ekitaldia NUPeko Areto Nagusian. Promozio horretako ikasleek Sario eraikinean hasi zituzten ikasketak, eta Unibertsitatea Erreformatzeko Legearen arabera berritutako ikasketa-plana burutu zuten, zeinak egitura zorrotzagoa baitzuen eta erabat egokitua baitzegoen gaur egungo lan-ingurunera.

Ekitaldian, Juan García Blasco errektoreak azpimarratu zuen Unibertsitateak kalita-tezko prestakuntza teknikoa eman ziela promozio horretako ikasleei, baita lanbide-jar-dunerako ezinbestekoak diren gaitasun kritikoa eta jarrera etikoa ere. Promozio horren ezaugarri nabarmenetako bat emakumeen nagusitasuna izan zen, aldaketa soziologikoak lanbide juridiko eta sozialetara pixkanakako eraldaketa zekarrelako seinale.

Gizarte-graduatu berriak lan-merkatu dibertsifikatu batean sartu ziren, eta lan egin zuten pertsonaleko sailetan, aholkularitza pribatuetan, administrazio publikoan (Lan

Ministerioa, INEM), edo profesional liberal gisa, Lan Prozeduraren Legeak langileak Lan Arloko Epaitegien aurrean ordezkatzeko gaitu ondoren. Bere hitzaldian, Francisco Javier Duque Alonso Elkargoko presidenteak Lan Arloko Praktikarako Eskolan espezializatzen jarraitzera animatu zituen titulatu berriak, eta «egiaren eta erantzukizun profesionalaren unea» iritsia zela gogorarazi zien.

LAN HARREMANETAKO ETA GIZA BALIABIDEETAKO GRADUA NUPEN EZARTZEKO BIDEA

Europako Unibertsitate Eremua ezartzearen ondorioz, unibertsitateek aparteko lana egin behar izan zuten unibertsitateko ikasketak haren eskakizunetara egokitzeko. Alde batetik, jarduera akademikoa neurtzeko sistema uniforme bat eduki nahi zen (ECTS kreditua), eta, bestetik, ikasketak egokitu nahi ziren konpetentzietan prestatzeko, eta ez soilik jakintzetan.

Unibertsitateko titulazioak printzipio handi horien arabera homogeneizatzeko lehen urratsak bi lege hauen onespenarekin egin ziren: 1044/2003 Errege Dekretua, 2003ko abuztuaren 1ekoa, unibertsitateek tituluaren Europako gehigarria emateko prozedura ezartzen duena, eta 1125/2003 Errege Dekretua, 2003ko abuztuaren 5ekoa, kredituen sistema europarra eta lurralde nazional osoan ofizialak eta baliodunak diren unibertsitateko titulazioetako kalifikazio sistema ezartzen dituena.

Espainian unibertsitateko ikasketak harmonizatzeko behin betiko bultzada 2007ko apirilaren 12ko 4/2007 Lege Organikoa onestean eman zen. Lege Organiko horrek unibertsitateko ikasketen eta titulu ofizialen egitura ezarri zuen VI. tituluan. 2007ko urriaren 29ko 1393/2007 Errege Dekretuak lege horren aurreikuspenetan sakondu zuen unibertsitateko ikasketen egitura Europako Unibertsitate Eremura egokitzeko, baita aldaketa metodologikoa bultzatzeko eta konpetentzietan oinarritutako ikaskuntza sustatzeko ere.

Errege Dekretu horrek ez zuen aurreikuspen gehiagorik ezarri ikasketa-planei zegokienez, eta unibertsitateen esku utzi zuen edukiak, konpetentziak, ebaluatzeko sistemak eta abar zehaztea. Hala ere, unibertsitate bakoitzeko ikasketa-planek bete beharreko egiaztapen eta akreditazio sistema bat aurreikusi zuen. ANECAri esleitu zitzaion ikasketa-planak Errege Dekretuaren jarraibideetara egokitzen zirela ebaluatzeko eta egiaztatzeko lan hori.

Unibertsitateek uste zuten ez zeudela behar bezala zehaztuta tituluek ANECAren akreditazioa lortzeko izan behar zituzten gutxieneko edukiak; nolabaiteko ziurgabetasuna sortzen zuen Errege Dekretuak zuen zehaztasun faltak ikasketa-planek bete beharreko gutxienekoei buruz. Zehaztugabetasun hori nolabait arintzeko eta unibertsitateei ikasketa-planak egiten laguntzeko, ANECAk berak zenbait titulazioren Liburu Zuriak egin zituen. Haietan, *grosso modo* jasotzen ziren titulu bakoitzerako gomendatutako funtsezko edukiak eta laneko konpetentziak. Zuzenbideko eta Lan Harremanetako eta Giza Baliabideetako graduetarako azken dokumentuak 2005eko ekainean argitaratu ziren, eta Nafarroako Unibertsitate Publikoan gradu horietako ikasketa-planak egiteko oinarri izan dira biak.

Ikasketa-plan berriak egiteko prozeduraren hasiera markatu zuen behin betiko urratsa Unibertsitateko Ikasketa Ofizialen Antolamenduari buruzko 2007ko urriaren 29ko 1393/2007 Errege Dekretua onetsi ondoren egin zen, Nafarroako Unibertsitate Publikoko Gobernu Kontseiluak graduko ikasketak diseinatu, egin eta ezartzeko jarraibide orokorrak onetsi zituenean. Jarraibide horien bidez, graduen egiturari buruzko zenbait gai zehaztu ziren Nafarroako Unibertsitate Publikoaren eremurako.

Jarraibide orokor horiek zehaztu ondoren, ingurune ekonomiko eta sozialaren ezaugarrietara ondoen egokitzen zen titulazioen mapa erabakitzeko unea zen. Horretarako, Unibertsitatean hausnarketa-foro bat ireki zen, eta hartan, ikasleez eta irakasleez gain, Foru Komunitateko enpresa- eta gizarte-sarearen ordezkariek ere hartu zuten parte.

Lan Harremanetako eta Giza Baliabideetako 2016ko promozioko ikasleak, *Gaudeamus igitur* abesten, beren graduazioan.

Helburua Nafarroako prestakuntza-premien erradiografia egitea zen, Unibertsitatearen eskaintza akademikoa erabakitzeko. Zalantzarik gabe, denek egoki ikusi zuten Zuzenbide titulazioa ematen jarraitzea eta lehengo Lan Harremanetako Diploma Lan Harremanetako eta Giza Baliabideetako Gradu bihurtzea.

Foroaren ondorioak kontuan hartuta, bi titulazio horien ikasketa-planak egiteari ekin zitzaion. Horretarako, lantalde bat eratu zen titulazio bakoitzeko. Helburua zen lantalde horietan Unibertsitateko estamentu guztietako ordezkariak egotea –irakasleak, ikasleak, administrazioko eta zerbitzuetako langileak–, bai eta unibertsitatetik kanpoko eragileak ere.

Lehen aipatu bezala, Nafarroako Unibertsitate Publikoko titulazioak Europako Unibertsitate Eremura egokitzeko lehen ekintzak 2005ean onetsitako Irakaskuntza Berritzeko Planaren barnean kokatu ziren. Abian jarri zenetik, Lan Harremanetako Diplomako irakasleek aktiboki hartu zuten parte plan pilotuetan eta metodologia berriei buruzko prestakuntza-planetan. Dekanotzak eskatuta, eta Margarita Apilluelo Marín irakaslearen zuzendaritzapean, irakasgai guztiak Europako Unibertsitate Eremutik eratorritako eskakizunetara egokitzeko laguntzen deialdian parte hartzea erabaki zuten lehen ikasmailako irakasle guztiek. Nafarroako Unibertsitate Publikoko errektoreak 2005eko ekainaren 22an emandako 714/2005 Ebazpenaren bidez, 5.000 euroko dirulaguntza esleitu zen proiektu hori egiteko.

Egokitzapen proiektuak zenbait helburu zituen, irakaskuntza modernizatzera eta

Lan Harremanetako eta Giza Baliabideetako 2017ko promozioko ikasleen graduazioa.

Europako Unibertsitate Eremuko irizpide berriekin harmonizatzera bideratuak. Lehenik eta behin, zehaztasunez definitu behar ziren titulazioaren berezko konpetentziak, eta metodologia koherente bat ezarri behar zen konpetentzia horiek ikasketa-planean zehar garatzeko. Halaber, irakasgaien alderdi praktikoa eta aplikatua indartu nahi zen, eta irakasleen zuzendaritzapeko eta tutoretzapeko lana sustatu, ikasteko funtsezko tresna gisa. Funtsezko beste helburuetako bat konpetentzietan oinarritutako ebaluazio sistemak ezartzea zen, ikaslearen aurrerapena modu jarraituan baloratzeko ikasturtean zehar, amaierako proba tradizionaletatik haratago. Aldi berean, ikasleen lana zorroztasunez kuantifikatu nahi zen, eskola-karga erreala esleitutako kreditu-etara egokituz. Azkenik, proiektuak irakasgaien programak berrikustea eta zehaztea aurreikusten zuen, eta, orobat, jardueren plan xehe bat eta irakaslearen nahiz ikaslearen lanaren zenbaketa orekatu bat txertatzea haietan, irakaskuntza egituratuagoa, parte-hartzaileagoa eta efizienteagoa bermatzeko.

Proiektuaren emaitzarik azpimarragarriena izan zen bateratu egin zirela irakasgai bakoitzeko irakaskuntza-giden edukiak eta *Liburu Zurian* gomendatutako konpetentziak sartu zirela haietan, bai eta titulazioa garatzeko beharrezkoak ziren irakaskuntza-metodologiak ere.

2008ko ekainean «Lan Harremanetako Titulazioaren Lantaldea» eratu zen, Nafarroako Unibertsitate Publikoan graduko ikasketak diseinatu, egin eta ezartzeko jarraibide orokorrei buruzko erabakian aurreikusitakoari jarraikiz –erabaki hori Gobernu Kontseiluak hartu zuen 2008ko ekainaren 23ko bileran–; izan ere, erabaki horretan Jakintza-adarren Batzordeak eta Titulazioen Lantaldeak sortzea aurreikusi zen.

Zientzia Juridikoen Fakultateko Ikastegiko Batzordea (2017).

Kanpoko profesional gisa, hauek izendatu ziren: Epailetzako kide bat, zehazki, Nafarroako Foru Komunitateko Justizia Auzitegi Nagusiko Lan Arloko Salako presidentea; Nafarroako Gizarte Graduatuen Elkargo Ofizialeko ordezkari bat, zehazki, haren presidenteorde eta Gizarte eta Lan Arloko Prestakuntzarako eta Praktikarako Nafarroako Eskolako zuzendarikidea; eta Espainiako Gizarte Graduatuen Elkargo Ofizialetako Kontseilu Nagusiko idazkaria.

Lantalde horretan, Goñi Sein irakaslea aritu zen buru, dekanordea zen aldetik, eta Rodríguez Sanz de Galdeano irakasleak, berriz, parte-hartze nabarmena izan zuen arduradun laguntzaile gisa. Lantaldeak 2008ko ekainean hasi zituen lan-saioak, eta 2009an jaso zuen bere lanaren emaitza, ANECAk Lan Harremanetako eta Giza Baliabideetako Graduaren memoria onetsi baitzuen.

Lan Harremanetako eta Giza Baliabideetako Graduaren ezarpenak helburu bikoitza zuen, oso lotua lan-eremuaren bilakaerarekin eta ingurune profesionalaren prestakuntza-eskaera berriekin. Lehenik, ikasleek lanaren fenomenoari buruzko ulermen orokor eta sakona eskuratu zezaten zen helburua, kontuan hartuta lana errealitate konplexu, dinamiko eta zeharkakoa dela. Horretarako, ikasketa-planak modu orekatuan integratu zituen lan-harremanekin lotura duten dimentsio juridikoa, antolakuntzakoa, psikologikoa, soziologikoa, historikoa eta ekonomikoa, eta diziplinarteko prestakuntza bultzatu zuen. Bigarrenik, helburua izan zen ikasleak trebatzea eskuratutako ezagutzak eraginkortasunez aplika zitzaten lanbide-jardunaren eremu desberdinetan: lan-aholkularitzan, langileen kudeaketan eta zuzendaritzan, lanaren antolamenduan eta lan-merkatuko bitartekaritzan edo kudeaketan, bai sektore publikoan, bai pribatuan. Hala, gradu berriak profil profesional moldakorra, gaitua eta egungo lan munduaren eraldaketetara egokitua finkatu nahi zuen.

Lan Harremanetako ikasketak aztertzeko foroetan izan ohi den eztabaida bat da zenbaterainoko pisua eman behar zaien laneko alderdi juridikoei enpresako kudeaketa ekonomikoarekin eta giza baliabideekin lotutako beste alderdi batzuen aldean; izan ere, alderdi juridikoek diplomaren parterik handiena hartu ohi dute, ikasketen hastapenak horietan oinarritu baitziren.

Egia esan, lehengo diploman (hiru urtekoan) enpresaren administrazioarekin eta zuzendaritzarekin eta eguneroko kudeaketarekin zuzenean lotutako zenbait alderditan sakontzea falta zen. Ikasketak laburragoak zirenez, ezinezkoa zen aldi berean enpresako aholkularitza juridikoko lanak, taldeen zuzendaritza eta kudeaketa eta enpresaren kontabilitate- eta ekonomia-segimendua eginen zituzten profesionalak prestatzea.

Bestalde, Foru Komunitatean arestian adierazitako profil profesionala izanen zuten langileen benetako premia zegoela ikusi zen. Nafarroako enpresa-sarearen parte handi bat enpresa txiki eta ertainetan oinarritzen da. Enpresa mota horiek profesional balioaniztun eta dinamikoak behar zituzten, gauza izanen zirenak enpresa baten egunerokoan arlo guztietan (pertsonalekoan, ekonomikoan nahiz juridikoan) planteatzen diren gai praktikoak konpontzeko.

Ikasketak urtebetez luzatzeari esker, asmo handiko helburu horri ekin ahal izan zitzaion, enpresarekin loturiko beste ikasgai batzuen aldean ikasgai juridikoek batez ere izan behar duten pisuari buruzko eztabaida berriz ireki beharrik gabe. Titulu berrian, gai

juridikoak eta, zehazki, lan-arlokoak azken muturreraino aztertzen dira, eta zabaldu egin da enpresa- eta ekonomia-kudeaketari buruzko prestakuntza.

Azkenik, lanarekin lotutako alderdi guztiei buruzko prestakuntza orokorra ematen duen gradu bat bat lortu zen. Prestakuntza orokor hori lehenbiziko sei seihilekoetan ematen diren oinarrizko prestakuntzako eta derrigorrezko prestakuntzako moduluetan ematen da batez ere.

Ikasketa-planaren diseinua aukerako bi ibilbidek osatu zuten: bata enpresentzako aholkularitza juridikoari buruzkoa eta bestea giza baliabideen kudeaketari buruzkoa.

   Bi ibilbide horiek eskainita, alde batetik, enpresa-kudeaketarekin eta enpresen aholkularitzarekin lotutako alderdi oso espezifikoei buruzko prestakuntza teorikoa osatu nahi zen, eta, bestetik, irakaskuntza praktikoa bultzatu eta karreran eskuratutako ezagutza teorikoak praktikan jartzeko aukera eman. Prestakuntza praktiko horretan lagundu zuten, halaber, gradu amaierako lanak eta praktika profesionalek.

IKASKETAK GAUR EGUN: BALANTZEA ETA PERSPEKTIBAK

NUPek gaur egun ematen duen Lan Harremanetako eta Giza Baliabideetako Graduak 240 ECTS ditu, lau urtean antolatuak. 60 ikasleko talde bakar batean ematen da, eta urtetik urtera gero eta handiagoa da ikasketetan sartzeko hasierako atalase nota; azken edizioan, 8,66koa izan zen onartuen lehenbiziko zerrendako atalase nota. Nabarmentzekoa da ikasle sartu berriek gero eta gehiago eskatzen dituztela ikasketa hauek, eta horren erakusgarri da matrikula-eskaeren kopurua aurreko urtekoa baino handiagoa dela urtero, eta, bereziki, ikasketa hauek lehen aukeran eskatzen dituztenen kopurua; izan ere, eskaintzen diren ikaspostu ia guztiak talde horrekin betetzen dira.

Diziplina anitzeko gradu bat da, apartekoa ikasleei ematen dien prestakuntza- eta trebakuntza-profilari dagokionez. Graduaren diziplinarteko prestakuntza-profilari esker, ikasleak laneko kudeaketa juridikoari buruzko ezagutzak dituzten profesionalak izanen dira etorkizunean, eta lan-harremanei buruzko ikuspegi osoa izanen dute. Graduaren lau ikasmailetan, ikasleek zenbait arlotako prestakuntza jasoko dute, hala nola Psikologiakoa, Soziologiakoa, Enpresen Kudeaketakoa, Ekonomiakoa, Historiakoa eta Zuzenbidekoa. Azken ikasmailan, ikasleek beren prestakuntza-curriculuma espezializatzea erabaki dezakete, eskaintzen zaizkien bi ibilbide akademikoetako bat aukeratuta: «Enpresen lan-aholkularitza» edo «Giza Baliabideen zuzendaritza». 36 ECTS egin beharko dituzte gutxienez aipamen bakoitzarekin lerrokatutako ikasgai espezifikoei buruz, eta, orobat, aukeratutako espezialitatearekin bat datozen nahitaezko praktiken 12 ECTS.

Irakasgaiak kualifikazio goreneko barneko eta kanpoko irakasleek ematen dituzte; kanpoko irakasleen artean Epailetzatik, Lan Ikuskaritzatik eta Gizarte Segurantzatik, Nafarroako Lan Auzitegitik, lan-aholkularitzetatik eta enpresetatik datozen profesionalak daude. Graduko zenbait jarduera akademikotan aktiboki laguntzen dute, bai

Lan Harremanetako
eta Giza Baliabideetako
2025eko promozioko
ikasleen graduazioa.

Lan Harremanetako
eta Giza Baliabideetako
Graduko lehenbiziko
ikasmailako ikasleak
(2025).

Nafarroako Gizarte Graduatuen Elkargo Ofizialak, bai Pertsonen Zuzendaritza eta Gara-
penerako Espainiako Elkarteak (AEDIPE).

Ikasketak burutzeko, Lan Harremanetako eta Giza Baliabideetako Graduko ikasleek
nahitaezko curriculum-praktikak gainditu behar dituzte, hau da, 250 orduko praktikak
enpresetan edo bulegoetan. Horretarako, NUPek destinoen katalogo bat du, non mota
askotako enpresak biltzen baitira, familiako eta tokiko enpresa txikietatik hasi eta Nafarroan presentzia duten Nafarroako eta nazioarteko merkataritza-sareko enpresa handi
gehienetan buka. Gradua bukatzen duten ikasleak balio handiko giza kapitala dira gure

Praktika juridikoaren
gela.

enpresentzat, eta argi erakusten dute hori praktikaldiak amaitu ondorengo lan-kontratazioen indize altuek.

Laneratze indizeei erreparatuz gero, 2022an NUPen lortutako azken erregistroen arabera Lan Harremanetako eta Giza Baliabideetako Graduko egresatuen % 89,66 lanean ari dira ikasketa horiek bukatu ondoren, eta talde horretako gehienek 6 hilabete baino gutxiagoko epean lortu dute lana. Kontratazio motari dagokionez, kontratazio mugagabea gailentzen da, batez ere 250 langile baino gehiagoko enpresetan.

Graduarekiko gogobetetze mailari dagokionez, graduko egresatuen % 55 «Nahiko pozik» dago egindako ikasketekin, eta % 45 «Oso pozik».

NAFARROAKO LAN HARREMANETAKO ETA GIZA BALIABIDEETAKO GIZARTE GRADUATUEN ELKARGOA

Nafarroako Lan Harremanetako eta Giza Baliabideetako Gizarte Graduatuen Elkargoaren historia konpromiso profesionalaren, autonomia instituzionalaren eta zerbitzu publikorako bokazioaren lekuko berdingabea da. Elkargoaren sorrerak eta sendotzeak hasieratik justizia sozialaren garapenarekin, lan aholkularitzarekin eta Nafarroako lan harremanen sistemaren modernizazioarekin loturik egon den lanbide baten heldutasun prozesua islatzen dute.

Adierazi dugun bezala, Nafarroako gizarte-graduatuen ibilbidea egun jakin batek markatu zuen, 1973ko urriaren 15ak. Ordura arte, Nafarroako profesionalak Ebroko Gizarte Graduatuen Elkargo Ofizialaren lurralde mugapean zeuden integratuta; elkargo hori 1956an sortu zen, eta Zaragozan zuen egoitza. Hala ere, autonomia nahiak eta Nafarroari elkargo egitura propio bat emateko borondateak independentziarekin eta foru eremuan lanbidea indartzearekin konprometituta zeuden gizarte-graduatuen talde baten ekimena bultzatu zuten.

Testuinguru instituzionala aproposa zen. 1973ko urtarrilaren 12ko Aginduak antolamendu korporatibo nazionala deszentralizatu zuen, eta segregazio prozesu bati ekin zion, zeina 1974ko urriaren 15eko Aginduarekin amaitu baitzen, hau da, Nafarroako Gizarte Graduatuen Elkargo Ofiziala formalki sortzea xedatu zuen aginduarekin. Erabaki horrek Nafarroan lanbidearen interesak ordezkatuko zituen erakunde propio bat edukitzea ekarri zuen, Nafarroaren errealitate sozial, administratibo eta juridikora egokitua.

Lehenbiziko urteetan elkargoaren eraketa eta sendotzea benetan bultzatu zutenak Antonio J. Ruiz Pérez eta Javier Hernández de la Merced izan ziren, zeinak, hurrenez

Elkargoaren egoitza.

hurren, 1973tik 1978ra eta 1978tik 1982ra izan baitziren elkargoko presidente. Biek ala biek sorrerako garaiaren ekimen- eta konpromiso-espiritua gorpuztu zuten.

Hamarkadetan zehar, eta ondoz ondoko gobernu batzordeen etengabeko ahaleginari esker, Nafarroako Gizarte Graduatuen Elkargoak hazkunde iraunkorra izan du, eta, horri esker, erreferentziazko erakunde gisa sendotu da eremu profesionalean. Gaur egun, laurehun elkargokide inguru ditu, eta haiek eratzen dute lanbidearen gune aktiboa Foru Komunitatean. Garapen kuantitatibo horrekin batera, erakundea ere indartzen joan da, eta horren isla da juridikoki eta prozesalki sendotu dela, eta areagotu egin dela haren aitorpen soziala. Hala, lehen urteetan irudikatu ezin zen mailan handitu dira lanbidearen prestigioa eta proiekzioa. Araudiaren edo kudeaketaren arloan izandako aurrerapenetatik haratago, Elkargoaren funtsezko balioa zerbitzu publiko eta profesionalerako duen bokazioa da, justizia soziala eta lan-harremanen kalitatea indartzera bideratua. Gaur, bokazio hori bere egoitza instituzionalean gauzatzen du, Iruñeko Arrieta kaleko 29. zenbakian. 1997ko azaroaren 10ean inauguratu zen, Miguel Sanz Nafarroako Gobernuko orduko presidentea buru izan zuen ekitaldi batean, korporazioak lortutako aitorpen instituzionalaren erakusle.

Roberto Moreno Lamarca lanbidean hasi, eta bera elkargoko presidente zela, lan-magistraturen aurreko jarduketei ekin zieten, aginduzko toga jantzita eta unean uneko aldearen ordezkari gisa (enpresa edo langilea). Aurrerago, Gizarte Graduatuen kolektiboak 2010ean lortutako beste lorpen garrantzitsu bat —kasu honetan, Pedro Úcar Ayerra presidente zela— erregutze-errekurtsoa sinatzeko gaikuntza izan zen, eta horrek gizarte-graduatuen eta abokatuen arteko parekatze prozesala finkatu zuen. Úcarrek

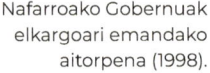

Nafarroako Gobernuak elkargoari emandako aitorpena (1998).

funtsezko zeregina izan zuen luzaz desiratutako helburu hori lortzeko. Hala ere, lanbideak oraindik ere zenbait erronka ditu aurrera begira, besteak beste, kasazio-errekurtsoa sinatzeko gaikuntza eta doako justiziarako sarbidea. Elkargoak bi aldarrikapen horiek defendatzen jarraitzen du.

Gaur egungo dekanoa, David Delgado Ramos, elkarren segidako zenbait agintalditarako berrautatu dute, eta bere lidergoa jarraitutasun instituzionalaren eta etorkizuneko proiekzioaren ikuspegiarekin gauzatzen du. Haren egungo agintaldia (2025-2029) lanbidearen sendotzea eta Nafarroako gizartearekiko konpromiso etikoa bultzatzen dituen proiektu batean elkargokideek duten konfiantzaren erakusle da.

 Sortu zenetik, Elkargoaren jarduna lanbidea duintzera eta indartzera bideratu da, prestakuntza jarraitua eta zorrotza bultzatuz elkargokideen artean. Ildo horretan, ikastaroak eta eguneratzeko jardunaldiak eskaintzen ditu zenbait arlotan, hala nola Lan Zuzenbidean, Gizarte Segurantzan, Atzerritartasunean edo Lan Zuzenbide Prozesalean, jarduera profesionala arau- eta gizarte-aldaketetara etengabe egokitzen dela bermatzeko.

Lehentasunezko jarduketa-ildoetako bat intrusismo profesionalaren aurkako borroka izan da, ez soilik gizarte-graduatuen eskumen esklusiboak defendatzeko, baizik eta justizia sozial eraginkor baten eraikuntzan gizarte-graduatuek betetzen duten funtsezko eginkizuna aldarrikatzeko ere. Elkargoak, historikoki, jarrera irmo eta aktiboa izan du eremu horretan, eta bere kideen nortasun profesionala indartu eta haien jarduna arautzen duten printzipio deontologikoak betetzen direla ziurtatu du.

Nafarroako Gizarte Graduatuen Elkargoak bultzatutako jarduera ugarien artean, Jardunaldi Laboralistak nabarmentzen dira, denboraren poderioz Nafarroako esparru juridiko-laboralaren erreferente eztabaidaezin bihurtu baitira. Jardunaldi horiek eztabaidarako eta eguneratze profesionalerako topagune bat dira, non Lanaren eta Gizarte Segurantzaren Zuzenbidearen arloko gaurkotasuneko gai nagusiak aztertzen baitira eta esparru akademiko, judizial eta profesionaleko ospe handiko hizlariek parte-hartzen baitute. Hausnarketarako gune horri Ermandade Bazkaria gehitu behar zaio; bizikidetza eta adiskidetasuna bultzatzeko une gisa pentsatua dago, arlo juridikoko eta lan munduko eragileen arteko

Lanaren eta Gizarte Segurantzaren Zuzenbideko Jardunaldi Teknikoen kartela, Nafarroako Gizarte Graduatuen Elkargo Ofizialaren XXV. urteurrena zela-eta (1999).

Nafarroako Gizarte Graduatuen Elkargo Ofizialaren XXV. urteurrena aitortzeko plaka, Gizarte Graduatuen Elkargo Ofizialen Kontseilu Nagusiak emana (1999).

harreman instituzionalak eta pertsonalak indartzeko. Era berean, Elkargoak barne-kohesioa eta kideen arteko elkarrizketa bultzatzeko konpromisoa du, baita lanbide-komunitate irekia eta parte-hartzailea sustatzeko ere. Truke-rako eta eztabaidarako gune gisa finkatu dira zenbait ekimen, «Laneko gosariak» kasu. Haietan, elkargokideek esperientziak partekatzen dituzte, arau-esparruaren bilakaera aztertzen dute eta elkargoaren bizitzari eusten dioten lanbide- eta giza-lankidetzako loturak indartzen dituzte.

Kanpoko mailan, Elkargoak lankidetza estua du Nafarroako Adminis-trazio Publikoarekin, orobat Lan Ikuskaritzarekin, Gizarte Segurantzaren Diruzaintza Nagusiarekin, Gizarte Segurantzaren Institutu Nazionalarekin, Estatuko Enplegu Zerbitzu Publikoarekin, Atzerritartasun Zerbitzuarekin eta Lan Agintaritzarekin. Harreman instituzional arin eta iraunkor horrek jarduketa-irizpideen koherentzia bermatzen du, eta Administrazioaren eta gizarte- eta lan-eremuko profesionalen arteko elkarrizketa indartzen du.

Gizarte Graduatuen Elkargo Ofizialen Kontseilu Nagusiak Nafarroako Gizarte Graduatuen Elkargo Ofiziali emandako diploma, lanbidearen defentsaren merezimendu soziala eta pandemian egindako ahalegin handia eta lan bikaina aitortzeko (2022).

EL EXCELENTÍSIMO
CONSEJO GENERAL DE COLEGIOS OFICIALES
DE GRADUADOS SOCIALES DE ESPAÑA

OTORGA EL DIPLOMA

MÉRITO SOCIAL A LA DEFENSA DE LA PROFESIÓN

AL ILUSTRÍSIMO

Colegio Oficial de Graduados Sociales de Navarra

EN CONMEMORACIÓN AL PREMIO MÉRITO SOCIAL A LA DEFENSA DE LA PROFESIÓN 2021
OTORGADO AL COLECTIVO DE GRADUADOS SOCIALES EN RECONOCIMIENTO
AL GRAN ESFUERZO Y EXCELENTE TRABAJO REALIZADO DURANTE LA PANDEMIA
CAUSADA POR LA COVID-19

AÑO 2022

EL PRESIDENTE DEL CONSEJO GENERAL.

EXCMO. SR. D. RICARDO GABALDÓN GABALDÓN

Eta, jakina, Elkargoaren proiekzioaren zutabe garrantzitsuenetako bat Nafarroako Unibertsitate Publikoarekin izan duen lankidetza izan da, Nafarroako etorkizuneko gizarte-graduatu ia guztiak prestatzen dituen erakundea baita. Harreman horren emaitza gisa, 2002an Gizarte eta Lan Arloko Prestakuntzarako eta Praktikarako Nafarroako Eskola sortu zen, Unibertsitatearekin sinatutako lankidetza-hitzarmen baten bidez. Ekimen horrek etengabeko eguneratze profesionala eskaintzen die jarduneko elkargokideei, eta unibertsitateko egresatuen laneratzea errazten du. Eskolaren esparruan espezializazio-ikastaro ugari egin dira, bai eta Lan Arloko Praktika Prozesalaren zenbait edizio ere, oso-osorik Gizarte Arloko epaile eta magistratuek emanak, eta horrek nabarmen lagundu du lanbidearen kualifikazio teknikoan.

Nafarroako Lan Harremanetako eta Giza Baliabideetako Gizarte Graduatuen Elkargo Ofizialaren 50. urteurrena aitortzeko plaka, Madrilgo Gizarte Graduatuen Elkargo Ofizialak emana (2023).

Elkargoko aurreko presidenteak : Pedro Mª Úcar Ayerra, Roberto Moreno Lamarca eta Javier Duque Alonso.

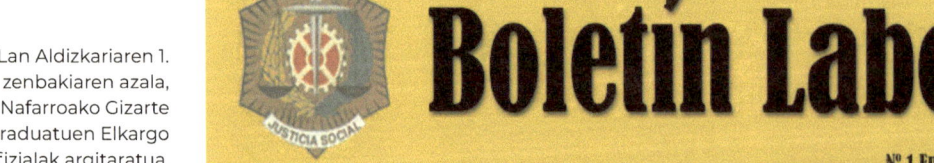

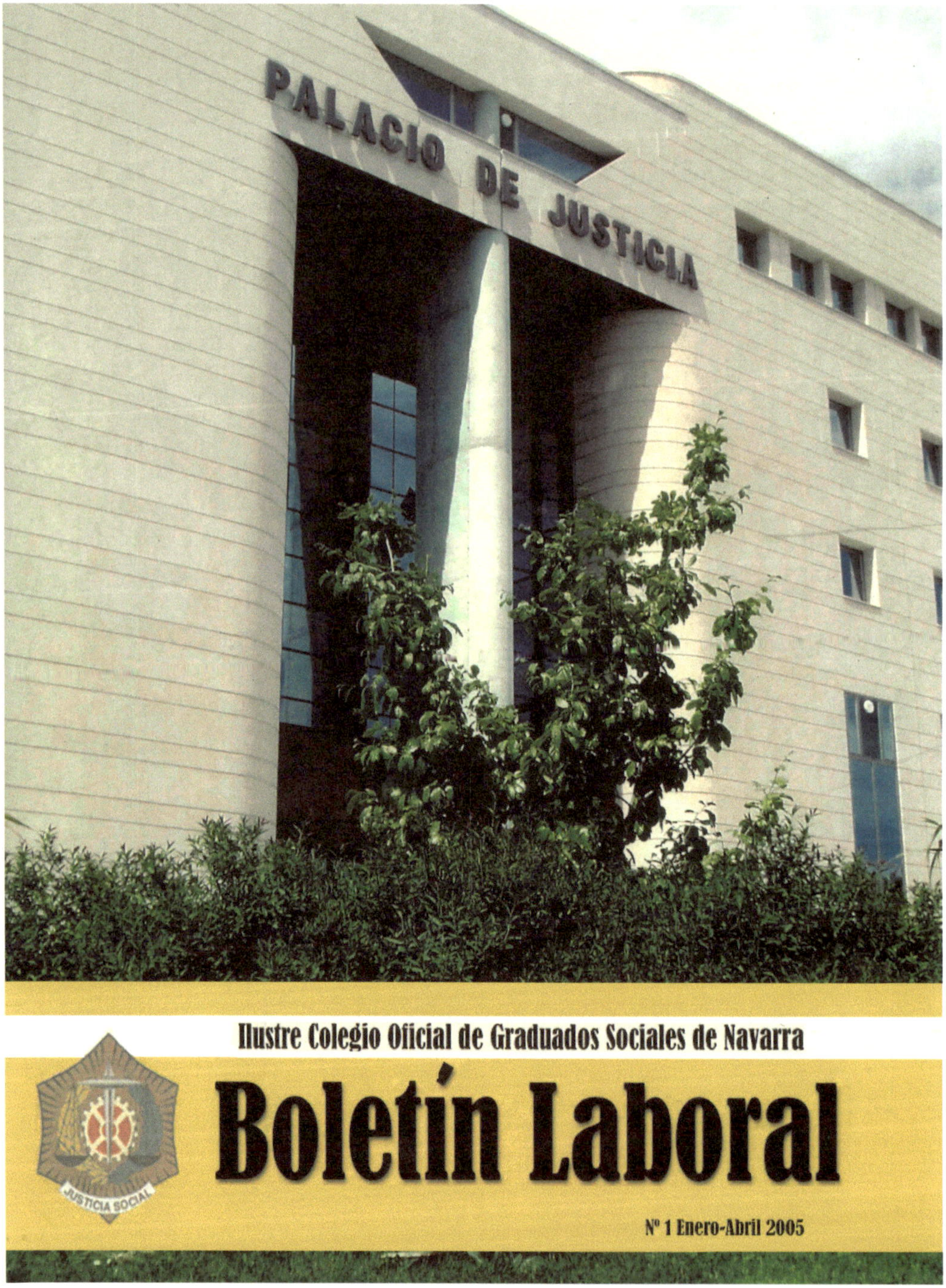

Lan Aldizkariaren 1. zenbakiaren azala, Nafarroako Gizarte Graduatuen Elkargo Ofizialak argitaratua, 2005eko urtarriletik apirilera bitartekoa.

Mercedes Langarica Romero

Elkargoaren egoitza.

Jardunaldi Laboralistaren hasiera eta lanbidearen mendeurrena. Eva Torrecilla, Ramón Gonzalo eta David Delgado, 2025eko azaroaren 7an.

Gizarte Graduatuen lanbidearen 100 urteei buruzko mahai-ingurua. José Luis Goñi, Beatriz Rodríguez, Roldán Jimeno, Javier Duque, Roberto Moreno eta David Delgado.

Jardunaldi Laboralistaren amaiera eta lanbidearen mendeurrena. David Delgado, Eva Torrecilla eta Íñigo de La Peña, 2025eko azaroaren 7an.

Ibilbide honetan, bidezkoa da Elkargoan presidente eta zuzendari aritu direnen lana aitortzea, haien dedikazioarekin eta lidergoarekin erakundea indartzen lagundu baitute; hauexek dira:

Antonio J. Ruiz Pérez jauna (1973-1978), sortzailea

Javier David Hernández de la Merced jauna (1978-1982), sortzailea

Pedro M.ª Úcar Ayerra jauna (1982-1986; 2009-2011)

Roberto Moreno Lamarca jauna (1986-1990; 1998-2002)

Francisco Javier Duque Alonso jauna (1990-1994)

Francisco Javier Sagüés Sala jauna (1994-1998)

Javier Zabaleta Bueno jauna (2002-2006; 2008-2009)

Santiago López Mendoza jauna (2006-2008)

Francisco Javier Plágaro Aróstegui jauna (2011-2016)

David Delgado Ramos jauna (2016-2029, egungo dekanoa)

Agintari horien ahaleginari eta dedikazioari esker, bai eta haien lanarekin, denborarekin eta ilusioarekin lagundu duten elkargokide guztienari ere, Elkargoak arlo profesional hutsetik haratago doan aitorpen maila lortu du.

Gaur egun, Nafarroako Lan Harremanetako eta Giza Baliabideetako Gizarte Graduatuen Elkargoa Foru Komunitateko lan eskubideen defentsarako, elkarrizketa instituzionalaren sustapenerako eta egitura juridiko eta sozialaren etengabeko hobekuntzarako eragile aktibo gisa finkatu da. Haren eginkizunak eremu profesional hutsetik haratago doaz, eta solaskide kualifikatu gisa kokatzen da Nafarroako lan munduari eta lan harremanei eragiten dieten gaietan. Sortu zenetik mende erdi baino gehiago igaro ondoren, Elkargoa gaur egun erakunde sendoa eta modernoa da, gizartean erabat integratua dago, eta egindako ibilbidean fidela izan da beti bere sorrera gidatu zuten printzipioekiko: konpromiso etikoa, bikaintasun teknikoa eta zerbitzu publikoaren bokazioa. 1973ko urriaren 15 hartatik berrogeita hamar urte igaro diren honetan, sorrerako izpirituak bizirik dirau. Erakundeak bere lana gizartearen zerbitzura jartzen jarraitzen du, ezagutzaren, bitartekaritzaren eta konpromiso etikoaren bidez, eta, hala, zorroztasun teknikoaren, independentzia profesionalaren eta justizia sozialaren bermatzaile gisa duen posizioa sendotu du Nafarroan.

«Gizarte Graduatuen Historia Nafarroan» erakusketa, Jardunaldi Laboralista eta lanbidearen mendeurrena zela-eta.

BIBLIOGRAFIA

Dios Durán, José Manuel, *El Graduado Social. Orígenes y legitimación de sus funciones profesionales*, Sevilla: autorearen edizioa, 2003.

Fernández Domínguez, Juan José, *Graduados sociales y jurisdicción social: historia de una relación compleja e inacabada*, Zizur Txikia: Thomson Reuters Aranzadi, 2019.

Galán García, Agustín (ed.), *La enseñanza de las relaciones laborales en España*, Huelva: Huelvako Unibertsitatea, 1998.

García Irigaray, Olivia, «Las escuelas universitarias navarras custodiadas en el Archivo de la Universidad Pública de Navarra», *50 años. Ley General de Educación. Las bases de la modernización educativa de Navarra,* Iruñea: Nafarroako Artxibo Garaikidea, 2020.

Vilches Plaza, Carlos eta Andradas Asurmendi, José Manuel, «Del Seminario de Estudios Sociales de Pamplona a la Escuela Universitaria de Graduados Sociales. (Pamplona 1959-1993)», *Las antiguas escuelas universitarias de Navarra y su transición a la UPNA,* Iruñea: Nafarroako Unibertsitate Publikoa, 2026 (prentsan).

Elkargoak Valentín Velascori emandako aitorpena (2025ean zendu zen). David Delgado eta Concha Guijarro, Velascoren alarguna.

2025eko promozioko Lan Harreman eta Giza Baliabideetako ikasleen graduazioa.

Universidad Pública de Navarra
Nafarroako Unibertsitate Publikoa

Ilustre Colegio Oficial de Graduados Sociales,
Relaciones Laborales y Recursos Humanos de **Navarra**
Nafarroako Lan Harremanen eta Giza Baliabideen
Gizarte Graduatuen Elkargo Ofiziala

LAN HARREMANEN
ETORKIZUNA
ERAIKITZEN